그 정도면 더럽게 희망적인 겁니다

읽으며 들으면 콧노래를 흥얼거리게 되는 음악:
- L'Encouragement Op. 34. Fernando Sor
- Any dream will do <Joseph and the Amazing Technicolor Dreamcoat OST>
- Always with me <센과 치히로의 행방불명 OST>

오늘과 내일을
동시에 살아가는 당신에게

결코 만만치 않은 일상의 어려움들 속에서도

기어이 의미를 찾아내고 여전히 꿈을 간직한 채

오늘도 주어진 하루를 성실히 살아내고 있다면,

그 정도면 더럽게 희망적인 겁니다

최혜만 지음 따옴표

인생의 가장 아름답고 가장 좋은 것은

볼 수도 만질 수도 없다.

그런 것들은 마음으로 느껴야 한다.

- 헬렌 켈러 -

여는 말

오늘과 내일을 동시에 살아가는 당신에게

　이 책을 펼쳐 보셨군요. 반갑습니다. '희망'이라는 단어는 흔한 단어이지만 그냥 지나치기는 조금 아쉽죠. 우리는 모두 희망하기를 원하는 존재니까요. 궁금하지 않으신가요? 내 삶이 얼마나 희망적인 건지, 내일을 희망하며 살아도 되는 건지, 이 사람은 뭐 하는 사람이길래 나는 별로 희망적이지 않은데 감히 희망적이라고 함부로 얘기하는지 말입니다.

　희망이란 무엇일까요? 암 투병으로 고통스러운

시간을 보냈던 이해인 시인은 아침에 잠이 깨어 옷을 입는 것은 희망을 입는 것이고, 살아서 신발을 신는 것은 희망을 신는 것 같다는 표현으로 삶을 고백했습니다. 희망은 '할 수 있다'는 마음이고, 불확실 속에서도 확실을 경험하게 해주는 삶의 태도이며, 되고 싶은 내일의 모습이 오늘을 찾아오도록 안내해주는 강렬한 신호입니다.

저는 어떻게 하면 과거로부터 잘 배워서 더 나은 사람이 될 수 있을지 알기 위해 그동안 사람의 마음과 행동을 공부해 왔습니다. 그동안 꽤 희망적인 사람으로 살아오면서, 저는 헬렌 켈러가 얘기했던 인생의 가장 아름답고 가장 좋은 것들 중 하나가 바로 희망이라고 생각합니다. 이 책에서는 제가 마음으로 느낀 희망에 대해서 이야기하려 합니다. 이 책을 통해서, 우리가 힘들다고 여기는 삶도 솔직히 그 정도면 상당히 희망적인 삶이라고 할 수 있으니, 오늘도 꿈을 이루며 행복하고 의미 있게 살자는 응원의 말을 전하고자 합니다.

그나저나 오늘도 즐똥(즐겁게 용변 보기)하셨나요? 이 책에서는 똥 이야기를 잔뜩 할 예정이라 똥 안부를 먼저 물어봤습니다. 좀 더 멀쩡한 질문을 해볼게요. 당신은 행복한 삶을 살고 싶은가요, 아니면 의미 있는 삶을 살고 싶은가요? 둘 다 원한다고요? 저도 그렇습니다. 우리는 아무 고통 없이 오늘을 행복하게 살고 싶지만, 오늘은 힘들지라도 인생을 의미 있게 살고도 싶은 두 가지 마음을 가지고 있습니다. 눈앞에 있는 달콤한 마시멜로를 먹지 않고 기다리면 두 개의 마시멜로를 얻을 수 있지만, 지금 먹을지 말지 고민되기는 아이들이나 어른들이나 마찬가지입니다. 사회심리학자 로이 바우마이스터Roy Baumeister에 따르면, 행복한 삶과 의미 있는 삶은 경험하는 방식이 조금 다릅니다. 사람들은 현재 필요한 것과 원하는 것이 채워진 상태를 경험할 때 행복한 삶을 살고 있다고 말합니다. 의미 있는 삶은 현재보다는 과거와 현재와 미래의 연결, 즉 삶의 목적과 가치를 이해할 때 경험하죠. 고통이 따르고 현재의 노력과 인내가 필요한 의미 있는 삶은 되레 행복하지 않을 수도 있습니다.

코로나 이후 내 월급만 빼고 치솟은 물가. 어차피 아끼고 아껴 돈 모아 봤자 이 월급으로는 달라지는 것이 없다는 좌절감. 이제는 노력해도 안 된다는 씁쓸함 속에 희망의 상실을 경험합니다. 우리 이전에도, 부모님의 부모님 세대에도 내용만 바뀌었을 뿐 삶은 늘 문제들과 어려움들로 가득 차 있었죠. 하루하루 반복되는 일상, 나아질 듯 나아지지 않는 현실, 뜻대로 되지 않고 내 마음을 괴롭히는 일상의 크고 작은 문제들로 허우적댑니다. 그냥 대충 살고 싶은데 그렇게는 또 잘 안됩니다. 이 책을 읽는 당신을 포함해서 다들 왜 그렇게 열심히 사는 걸까요?

현재를 산다는 것은 과거의 나와 미래의 나에 대한 책임을 지는 것이기 때문이죠. 어린 시절 운동회 때 하던 계주 장면을 떠올려 보세요. 과거의 내가 열심히 달려와서 현재의 나에게 바통을 넘겨줍니다. 일단 바통을 받은 순간부터는 떨어뜨리지 않게 손에 꼭 쥐고 열심히 뛸 수밖에 없습니다. 가쁜 숨을 몰아쉬며 바통을 넘겨준 과거의 내 눈빛이 너무나 간절하기 때문이고, 저 멀리서 바통을 넘겨주기만을 기다리고 있는 미래의 내가 있기 때문입니다.

어제의 내가 흘린 땀, 진심으로 대했던 사람들과 시간들, 이 모든 것들이 가치를 만들어냈기에, 오늘의 나는 가치를 지킬 의무를 집니다. 오늘이 마지막이 아니기에 마음대로 살 수가 없습니다. 정말로 오늘이 마지막이라면 더더욱 아무렇게나 살고 싶지는 않을 것 같습니다. 과거의 나에게 미안하고 억울해서라도 그렇게 못 하죠. 현재의 내 모습은 과거의 내가 희망했던 결과이고, 오늘의 희망이 결국 내일의 나를 만듭니다. 그러니 현재를 산다는 것은 과거의 선택과 노력을 존중한다는 뜻이고, 미래의 나를 진심으로 사랑하고 책임진다는 말과 같습니다.

바통을 들고 잘 달리려면 앞을 바라봐야 하죠. 실제로 심리학 연구에 따르면 사람들이 하루 중 떠올리는 생각의 약 95%가 현재와 미래에 대한 생각들이라고 합니다. 내일 있을 일을 준비하고, 앞으로 더 나은 삶을 살기 위해 오늘의 노력과 고통을 마다하지 않습니다. 오늘과 내일을 동시에 살아가는 우리는 어떤 마음가짐으로 살아야 하는 걸까요?

답은 우리가 일상에서 느끼는 희망에 있습니다. 희망은 오늘과 내일을 동시에 살 수밖에 없는 우리가 행복과 의미 간 균형을 맞추며 살 수 있게 해줍니다.

똥이 문제인 건 아닙니다

동네 음식점에 갔다가 급똥(매우 참기 어려운 강한 변의)이 마려운 아들을 데리고 화장실에 들렀습니다. 거기엔 누군가 먼저 남겨 놓은 똥이 기다리고 있었죠. 어찌나 굵던지 변기는 막혀 있었고, 제때 볼일을 못 본 아이의 온갖 짜증을 받아내며 여기저기 돌아다닌 끝에야 급똥을 해결할 수 있었습니다.

'고작 저런 똥 때문에 진을 빼다니, 정말 똥 같은 상황이네?' 누군지 모를 그 똥의 주인을 원망하는 마음이 들면서 짜증이 확 올라오려던 차에 문득 이런 생각이 들었습니다. '아니지, 사실 그 똥이 문제인 건 아니잖아?' 가족과의 시간이 겨우 누군가의 똥으로 나빠질지, 아니면 그저 웃고 지나갈 일이 될지는 선택할 수 있는 문제라는 생각에 이르자 마음이 수그러들었습니다. 급똥을 해결하고 몸과 마음이 한결

편해진 아들과 함께 우리 부자의 마음을 상하게 했던 좀 전의 똥에 대해서 이야기를 나누었습니다.

"아들, 근데 아까 그 똥 진짜 굵지 않았어? 아빠는 깜짝 놀랐어."

"응, 근데 코뿔소 똥만큼은 아니야. 약간 사자 똥 정도?"

씩 웃는 아들은 눈치챘던 것일까요, 더럽고 어렵지만 언제나 몇 번이라도 희망적일 수 있는 것이 바로 인생이라는 비밀을 말입니다. 문제를 삼으니 똥이 문제로 느껴졌던 것뿐입니다. 살면서 맞닥뜨리는 문제들을 어떤 마음가짐으로 경험하고 대처하느냐가 우리 삶에 더 중요한 문제이겠죠. 집에 돌아와 그날 낮에 봤던 똥에 대해서 좀 더 생각해 보니, 인생에 대해서 말하기는 버겁지만 적어도 똥에 대해서라면 느낀 점 정도는 가볍게 얘기해 볼 수 있겠다는 생각이 들었습니다. 누구에게나 있는 똥에 대해서 글을 쓴다면, 아무리 똥글이라도 누군가는 공감하고 힘을 얻을 수 있지 않을까 하는 용기가 생겨났습니다. 그래서 일단 쓰기로 했습니다. 그 똥 주인은 자신이 싼 똥이 누군가에게 책 한 권을 써낼 만큼의 영감을 주었다는 사실을 알고나 있을까요?

그리하여, '난 혹시 똥 만드는 기계가 아닐까?' 하는 의심을 하고 계신 분들이 가볍게 읽어볼 수 있는 책이 세상에 나오게 되었습니다. 이 책을 통해 당신이 얼마나 가치 있는 사람이고 대견한 존재인지, 그리고 당신은 왜 오늘을 희망적으로 살아갈 수밖에 없는지 곰곰이 생각해 보았으면 합니다. 그것이 제가 당신을 응원하는 방식입니다. 이 책은 똥 이야기이지만 꿈 이야기이고, 꿈 이야기이기에 삶의 가치와 의미에 대한 이야기입니다. 더럽지만 더럽지 않은 이 책이 당신의 마음속 어딘가에 깨어 있을 희망과 공명하게 되기를 바랍니다.

목차

여는 말 * 5

I. 삶에 관해서라면

누구에게나 하나쯤 있는 똥 이야기 * 19

삶이 명분을 필요로 할 때 * 31

똥 만드는 기계라는 오해 * 49

똥만 잘 싸도 칭찬받기에 충분합니다 * 63

그 정도면 더럽게 희망적인 겁니다 * 71

II. 너무 무겁게 느껴진다면

부끄러워할 필요 없습니다 * 82

똥을 밟더라도 * 97

똥줄이 타더라도 * 109

똥을 싸도 괜찮습니다   * 119

그 누구도 완벽하지 않으니까   * 136

III. 이왕이면

일상 너머의 것을 바라는 마음   * 145

정말로 몸속의 똥을 비워야 한다면   * 161

똥만큼 창의적일 용기   * 175

꿈을 이루는 법   * 186

희망을 키우는 희망적인 방법들   * 203

이왕이면 참지 말고, 지금 즐똥   * 215

닫는 말   * 224

I.

삶에 관해서라면
/ 당신은 이미 전문가입니다

삶을 견뎌낸 사람들은

누구나 할 이야기가 있다.

- 매리 카 -

누구에게나 하나쯤 있는 똥 이야기

내가 싼 똥은 내가 치웁니다

누구에게나 재미있는 경험 하나쯤은 있죠. 그게 똥 이야기든, 어릴 적 엉뚱한 오해에 관한 이야기든, 우리의 삶은 이야기들로 넘쳐납니다. 저는 변기를 잘 막습니다. 휴지를 많이 쓸 때도 그렇지 않을 때도 변기를 막는 걸 보면, 그냥 변기를 잘 막는 사람입니다. 박사과정 여름 방학에 결혼하고 학기 개강 직전에 멕시코 칸쿤으로 신혼여행을 갔습니다. 뷔페 식사까지 포함된 제 인생의 유일한 호화 여행이었습니다. 맛있는 메로구이와 스테이크를 과하게 먹은

탓인지 신혼여행 첫날 밤 똥을 쌌는데 변기가 막혔습니다. 호텔 직원에게 막힌 것을 뚫는 것을 가져달라고 했습니다. 얼마 지나지 않아 인상 좋은 멕시코 청년이 익숙한 도구를 가지고 왔습니다. 저는 청년이 방으로 들어오려는 것을 막아선 채, 내가 싼 똥이니 내가 치우고 싶다고 얘기했습니다. 그 청년은 한사코 자기가 직접 해야 한다며 지지 않았죠. 서로 자기가 해야 할 일이라며 실랑이를 벌인 끝에, 청년이 기분 좋게 양보했습니다.

공용 화장실에서도 변기가 막혔을 때 정말 시간이 없거나 도구가 없을 때가 아니라면 화장실 내에 있는 도구를 찾아 직접 뚫고 나오죠. 간혹 아이들이 개똥을 밟고 올 때가 있습니다. 아이들 신발 바닥에 잔뜩 묻은 똥을 빼내며 속으로 한마디 합니다.
'다들 내똥내치(내가 싼 똥은 내가 치운다) 정신을 좀 길러야 해'

내똥내치를 조금 더 고상하게 풀어서 이야기하자면, 내가 옳다고 믿는 가치에 맞게 행동하고, 그 결과에 대해 온전히 책임을 진다는 마음가짐입니다. 누군가에 의해서 혹은 누군가에게 인정받기 위해 사는 것이 아니라, 자유 의지를 가진 하나의 가치 있는 존재로서 고통과 기쁨의 경험 모두를 있는 그대로 받아들이는 삶의 태도를 말합니다. 다 맞는 말인 것 같은데, 실제로 이렇게 살기란 여간 어려운 게 아닙니다. 때론 내 가치에 맞지 않는 행동을 하고, 현실을 부정하고 싶고, 책임을 다른 곳으로 돌리고 싶은 마음이 드는 것이 우리들의 모습입니다. 그러나 적어도 그렇게 살고 싶다는 마음의 방향은 세울 수 있습니다.

결과에 대한 책임을 지겠다고 마음먹은 사람이 오히려 후회를 경험합니다. 후회는 선택의 결과이기 때문이죠. 후회하지 않으려면 직접 선택하지 않으면 됩니다. 내 선택의 결과가 아니기 때문에 누군가의 탓으로 돌릴 수 있습니다. 그런 삶을 본인이 직접 살아낸 삶이라고 할 수 있을까요? 차라리 후회하는 편이 낫습니다. 사람들은 죽기 직전까지도 후회를 한다고 하죠. 지금 생각하면 과거의 나라는 인간은 참 어리석고 나약하게 느껴지죠. 스스로 결정을 내리고 그 결과로써 경험을 해나가면서 인간은 더 큰 존재로 성장해 나갑니다. 지난 20여 년간 후회에 대해서 공부해 오면서 얻은 깨달음은, 후회는 과거로부터 배워서 더 나은 사람이 되도록 우리를 성장시켜 주는 희망의 또 다른 이름이라는 사실입니다.

삶을 진실하게 살아낸 사람들에게는 이야기할 삶이 생겨납니다. '나에 관한' 이야기가 아니라 '나의' 이야기가 된다는 의미이지요. 그래서 우리의 인생 이야기가 우리 자신이고, 우리의 경험에 대해서 이야기하는 것이 곧 우리 자신에 대해 이야기하는 것이 됩니다. 우리 모두가 작가인 셈이지요. 누군가 당신에게, "작가님, 다음 이야기가 어떻게 되나요?"라고 묻는다면 어떤 이야기를 해주고 싶으신가요?

이야기해야 내가 누구인지 알 수 있습니다

사람만큼 복잡한 존재는 없는 것 같습니다. 어디에 있고 누구를 만나고, 어떤 생각이 머릿속에 떠올라있느냐에 따라 다른 사람이 됩니다. 여기에 과거와 현재와 미래라는 시간 차원이 더해지면 '나'라는 존재는 정말 알기 어려워지죠. 헤라클레이토스는 같은 강물에 두 번 발을 담글 수 없다고 했습니다. 어제의 나는 오늘의 나와는 또 다릅니다. 내일의 나도 오늘의 나와 완전히 동일하다고 할 수는 없습니다. 변화무쌍한 혼돈의 상태나 다름없어 보입니다.

성격심리학자 댄 맥아담스Dan McAdams는 사람들이 자신의 삶을 이야기함으로써 이러한 혼돈 상태에서 질서를 찾아 나갈 수 있다고 말합니다. 즉 이야기해야 내가 누구인지 알 수 있다는 말이죠. 우리 모두에게는 각자의 이야기가 있습니다. 그냥 이야기가 아니라 그 삶을 직접 살아낸 본인만이 할 수 있는 이야기이죠. 한 사람의 인생 이야기에는 그 사람이 중요하게 생각하는 가치들과 세계관이 드러납니다.

경험은 누구에게나 있지만 삶의 의미는 그냥 얻어지지 않습니다. 다이아몬드 보석을 떠올려 보세요. 투박하게 생긴 원석을 정교하게 가공하는 작업을 거쳐야만 우리가 알고 있는 반짝이는 다이아몬드가 됩니다. 원석이 경험이라면 보석은 경험에 대한 해석과 수용을 통해 얻은 삶의 의미입니다. 경험을 내 것으로 만드는 과정은 부끄럽고 궁색하고 미안하고 형편없고 나약했던 모습들까지도 인정하고 자신의 일부로 받아들이는 과정입니다. 경험을 품으려는 당신의 가슴은 경험이 가진 뾰족한 모서리들에 찔리고 또 찔릴 테지요. 그러나 계속 이야기해야 합니다. 모서리들이 닳고 닳아서 부드러워질 때까지 그것이 당신에게 어떤 의미인지 이야기해야 합니다. 지금 당장은 너무 두렵고 마음이 아파서 생각조차 하기 싫을 수도 있지만, 언젠가 마주하는 용기가 생겼을 때 비로소 또 하나의 경험이 당신의 삶을 채우는 보석이 되어 줄 것입니다.

어린 시절 이문열의 삼국지 평전을 재미있게 읽었습니다. 삼국지는 작가마다 이야기하는 내용이 다릅니다. 어떤 작품에서 대인배 영웅으로 묘사된 인물이 다른 작품에서는 소인배 악당으로 묘사되기도 합니다. 우리 삶의 이야기는 어떤 모습일까요? 내 인생 경험에 대해서 이야기한다는 것은 작가로서 한권의 책을 쓰는 것과 같습니다. 이야기한다는 것은 단순히 몇 살 때 뭘 했고, 어디에 살았고, 어떤 성취를 했고, 힘들었던 것은 무엇이었는지 나열하는 것이 아닙니다. 내가 살아온 것이 어떤 의미가 있는지, 왜 그때 그렇게 선택했는지, 원치 않았던 그 일이 현재의 나에게 어떤 영향을 미쳤는지, 앞으로 있을 일들이 지금 하고 있는 일들과 어떤 관계가 있는지, 여러 감정과 생각들을 이야기해야 합니다.

즉 이야기한다는 것은 당신과 당신의 삶에 의미를 부여하는 작업입니다. 같은 경험에 대해서 힘들고 억울하기만 한 삶을 살아왔다고 이야기할 수도 있고, 힘들었지만 그 속에서 감사와 사랑이 무엇인지 깨닫는 경험들이었다고 이야기할 수도 있습니다. 어떤 의미를 부여할지는 작가인 당신의 몫이겠죠.

대화하지 않으면 오해가 쌓이기 마련입니다. 자신의 삶에 대해서도 마찬가지입니다. 내 삶을 이야기하다 보면 내가 누구인지, 내 삶은 어떤 가치들로 이루어져 있는지, 그리고 앞으로 어디로 가야 할지 더 잘 이해하게 됩니다. 후회스럽고 분노했던 과거의 일들도 시간이 지난 뒤에 다시 바라보면 그동안 보이지 않던 새로운 의미를 발견하기도 하죠. 연세 지긋한 어른들이 했던 얘기를 하고 또 하는 경우를 종종 봅니다. 증명하고 싶고 이해하고 싶은 것이죠. 내 삶이 무엇이었는지, 어떤 의미가 있었는지 계속해서 이야기해야 합니다.

그날의 느낌과 생각을 글로 남겨 놓으면 과거의 나와 두고두고 대화할 수 있습니다. 짧은 메모나 일기 쓰기도 좋고, 이 책과 같이 에세이를 쓰는 것도 도움이 됩니다. 똥 이야기든 뭐든 당신의 이야기를 자신에게 들려주세요. 이야기할수록 희망이 생겨납니다. 이 책을 쓰면서 똥과 관련된 경험들을 되짚어 봤습니다. 차마 공개하지 못하는 일부터 나름 즐거웠던 경험까지, 웬 똥 이야기가 그리도 많던지 줄줄이 나오더군요.

당신도 이야기를 시작해 보세요. 금세 이야깃거리로 차고 넘칠 겁니다. 당신이 생각하는 최고의 순간, 최악의 순간, 아직도 이해가 잘 안되는 일들, 어이없었던 순간들, 나를 다시 일으켜 세워 준 사람들, 인생의 전환점 등 밤새도록 얘기하고 또 얘기해도 질리지 않을 그런 이야기들을 풀어내 보세요.

영웅 이야기의 주인공이 되는 법

우리는 다른 사람들의 인생 이야기를 알고 싶어 합니다. 내 삶이 의미 있는 삶인지, 살만한 가치가 있는지, 잘 해오고 있는 것인지 궁금하기 때문입니다. 그래서 우리는 영화, 드라마, 소설을 보기도 하고, 에세이나 일상 브이로그와 같은 좀 더 사실적인 이야기들에도 관심을 가집니다. 여러 이야기들 중에서 사람들에게 특별히 감동을 주는 이야기는 영웅적 서사를 보이죠. 나약했던 영웅이 온갖 위기와 좌절과 역경을 만나지만 결국 진정한 영웅의 정체성을 완성하면서 자신의 쓸모를 세상에 증명합니다.

사람들은 이처럼 기분 나쁜 경험에서 기분 좋은 경험으로 변화하는 것, 불확실한 혼돈 속에서 질서를 찾아가는 것, 성장 과정에서 위기를 겪지만 원하는 것을 이루는 구원적 서사를 좋아합니다. 똑같은 양의 나쁜 일과 좋은 일이 있다면 나쁜 일을 먼저 겪고 좋은 일로 이야기가 마무리되기를 원하죠. 영웅이 망가져 가는 반대의 이야기는 원하지 않습니다. 기억에 관한 연구들에서도 보면, 처음에는 나빴지만 좋게 끝난 일을 처음에 좋았지만 나쁘게 끝난 일보다 더 행복했던 사건으로 기억한다고 합니다. 이런 이야기 구조에서는 희망이 느껴지죠. '내 삶도 더 나아질 거야'라는 믿음에 대한 증거가 됩니다.

우리는 모두 영웅적 서사를 가지고 있습니다. 힘들었던 경험들도 있었지만, 거기서 끝나지 않고 결국에는 현재를 살고 있으니까요. 희망은 그런 것입니다. 더 좋아질 내일이 온다는 믿음, 비록 불확실하지만 그 속에서 확실성을 바라보려는 내일을 향한 의지입니다.

지금이 가장 힘든 시기인 것 같다고요? 당신은 이미 경험으로 알고 있습니다. 이전의 어려움이 지나갔듯이, 지금 나를 납작 엎드리게 하는 어려움도 언젠가는 지나갑니다. 아니, 당신이 보기 좋게 이겨낼 것입니다. 그리고 당신의 이야기는 누군가에게 희망을 주는 또 하나의 영웅 이야기가 됩니다.

힘내세요.

삶이 명분을 필요로 할 때

벌거벗은 삶에 의미의 옷 입히기

'똥'과 '인분' 중 어떤 단어가 더 더럽게 느껴지세요? 뉴스나 공식 석상에서 똥이라는 단어는 거의 안 나오는 것을 보면 똥을 인분보다 더 더럽다고 여기는 것 같습니다. '화장실에 다녀온다'라고 하지 '똥 싸고 올게'라고 하지 않습니다. 똥을 똥이라 부르지 못하고 용변, 대변, 인분과 같이 좀 더 '있어 보이게' 표현하는 이유는 벌거벗은 삶에 의미의 옷을 입히고 싶어 하기 때문입니다. 똥은 육체라는 물질로 이루어진 우리 존재의 유한함을 적나라하게 드러냅니다.

사람들은 자신이 잠깐 살다가 사라져 없어지는 존재가 아니라, 그보다는 더 의미 있는 무엇이고 싶어 하죠. 문화와 같이 잘 만들어진 옷들은 의미를 담을 수 있는 좋은 그릇이 됩니다.

삶이 노골적으로 명분을 필요로 할 때가 있습니다. 죽음이라는 피할 수 없는 운명이 문득 생각날 때가 그러하고, 실패와 같은 부정적인 결과가 나왔을 때나 결혼, 이사, 출산, 이직, 이민 등 큰 결정을 앞뒀을 때 명분을 생각합니다. 우리는 어떤 상황에서도 이유를 찾고 의미를 부여하는 전문가들이죠. 그래서 명분이 없는 삶은 없습니다.

어린 시절 생일 축하 노래를 개사해 "왜 태어났니, 왜 태어났니?" 하며 친구들끼리 생일 축하를 해줬던 기억이 납니다. 이 노래에 대한 답은 우리가 삶이 '의미 있다'라고 느끼게 해주는 중요한 심리 경험,

즉 우리 삶에 목적과 방향이 있음을 경험할 때 찾을 수 있습니다. 그나저나, 왜 태어났나요? 왜 태어났는지 알고 태어난 사람은 없습니다. 왜 태어났는지 이유를 모른 채 태어났으니 삶을 마감할 때도 이유를 모른 채 죽어도 큰 문제는 없어 보입니다. 그럼에도 저는 존재 이유가 반드시 있다고 믿습니다. 자라면서, 커 가면서 아주 미약하게나마 자신의 존재 이유와 가치를 확인하게 되죠.

'꼭 목적이 있어야 하나?'라고 반문하는 사람들도 있습니다. 네, 저는 꼭 있어야 한다고 생각해요. 목적이나 목표 없이도 살 수 있다고 하는 사람들조차도 어떤 목적에 맞게 행동하고 생각합니다. 인간은 혼자서는 생존이 힘든 매우 불완전한 상태로 태어납니다. 누군가의 사랑과 관심 없이는 제대로 자라나지 못하죠. 혼자서 살 수 없는 인간은 다른 누군가를 '위해', 살아남기 '위해', 성장하기 '위해' 끊임

없이 무언가를 하게 됩니다. 궁극적인 목적을 알 수 없어도 우리가 일상에서 이해할 수 있는 수준에서 어딘가를 향해 나아갑니다.

존재 이유는 다른 사람들로부터 증명되기도 합니다. 간혹 신문 기사에서 안타깝기도 하고 가슴 뭉클한 사연들을 접합니다. 사고로 혹은 병으로 인해 꿈을 다 이루지 못하고 세상을 떠난 자녀를 둔 부모들의 이야기입니다. 자녀의 뜻을 기리는 마음으로 학교에 장학금을 기부하는 부모들이 있죠. 비록 그들의 자녀는 세상을 떠났지만, 자녀가 이루고자 했던 꿈과 소중히 여겼던 가치들이 다른 누군가의 삶을 통해 이어집니다.

나에게 맞는 옷이라야 합니다

벌거벗은 삶에 의미의 옷을 입히려다 보면 내 것이 아닌 옷을 입기도 합니다. 다른 사람의 평가, 사회가 만들어 놓은 기준 같은 것들이 가짜 의미를 만들어 내지요. 다들 하니까 좋아 보이고, 왠지 나도 그렇게 해야 중요한 일을 하는 것처럼 느껴집니다. 자신에게 맞지도 않는 옷을 입고 있다 보면 어느 순간 공허해집니다. 본인이 진정으로 원하던 것이 아니었기 때문이죠. 그래서 우리는 사람들이 이야기하는 인분이 아니라 자신만의 똥으로 돌아갈 필요가 있습니다. 의미를 입히기 이전, 여기저기 부족하고 모나고 미련한 나를 바라봐 줄 필요가 있습니다.

물론 불편하죠. 벌거벗은 나를 있는 그대로 바라보기 위해서는 용기와 사랑이 필요합니다. 있는 그대로의 나에게서 가치를 느껴보세요. 나의 가치를 느끼기 위해서는 '이렇게 살면 한 번뿐인 내 삶이 의미 있고 가치 있겠다'라는 생각이 드는 것을 행동으로 옮겨야 합니다. 우리는 자신에게 맞는 의미의 옷들을 하나씩 걸쳐 나가며 본연의 가치를 확인할 수 있습니다. 애초에 가치 없는 존재라면, 그 어떤 일을 하더라도 가치를 느낄 수 없겠죠. 그러니 우리는 가치 있는 존재임이 틀림없습니다.

의미를 담는 그릇, 행동

행동은 의미를 담는 그릇입니다. 우리가 한 행동은 주워 담고 싶어도 담을 수 없는 엎질러진 물과 같죠. 우리의 선택과 행동은 과거에 그대로 박제됩니다. 웬 똥을 그리도 많이 싸 놓았는지 다른 누구도 아닌 자신에게 설명해야 합니다. 행동에 대한 정당화의 압력을 느낀 우리는 경험이 가지는 의미와 명분을 해석하게 되죠. '그때 만약…….'과 같이 과거의 자신이 내렸던 선택을 머릿속으로 되감기도 하고요. 이런 상상은 후회의 감정을 불러일으키고 이내 마음을 불편하게 만듭니다. 결과를 알고 있는 현재의 나는 결과를 아직 모르고 있는 과거의 나에게 묻습니다. "대체 왜 그랬어?"

코로나가 한창이던 시기에 한국으로 돌아왔습니다. 만나는 사람마다 영주권까지 받아 놓고 한국에 왜 돌아왔냐고 질문했죠. 석사 때 지도교수님은 수업 시간에 실험 결과나 이론에 대해 설명하며 'to be seen'이라는 표현을 자주 쓰셨습니다. 그 주장이 맞는지 틀리는지를 알려면 앞으로 나올 증거들을 지켜봐야 한다는 것이죠.

우리가 경험을 이해하는 방식도 마찬가지입니다. 한국으로 돌아오기로 한 결정에는 가족들, 그리고 새로운 도전을 해보고 싶은 마음 등 여러 가지 이유들이 섞여 있었습니다. 그때의 선택을 인생의 전환점이라 여기며 선택의 이유들을 알아가는 중이지요. 더 열심히 살게 되고, 더 감사하게 됩니다. 내가 선택한 배우자, 내가 낳아서 기르기로 선택한 자녀, 직장, 학교, 집 등 우리는 어떻게든 명분을 찾아냅니다. 그렇게 하지 않으면 후회라는 악당이 우리를 지독하게 따라다니리라는 것을 알고 있으니까요. 명분을 만드는 데 있어서라면, 우리는 모두 전문가입니다.

인생의 전환점이라고 느껴지는 순간들을 떠올려 보세요. 그때 그 일이 일어나지 않았다면, 그때 만약 다른 결정을 내렸다면, 지금의 당신은 누구와 함께 어떤 일들을 하며 어떤 모습으로 살고 있을까요? 수많은 가능성이 생겨납니다. 당신의 머릿속에서 재미있는 영화 한 편이 빠르게 재생되겠지요. 더 재미있는 것은, 사람들은 이런 상상을 하고 나면 그때의 결정이나 일어났던 사건을 '그렇게 될 수밖에 없었던' 운명적인 경험으로 받아들인다는 것입니다. 다른 인생이 펼쳐질 수도 있었지만, 결국 그렇게 되지 않았으니까요.

이처럼 사람들은 가지 않은 길에 대해 상상함으로써 그날 이후로 지금까지 살아낸 자신의 삶에 의미를 부여합니다. 2008년 한국인 최초의 우주선 탑승자가 될 뻔했으나 결국 우주선에 타지 못했던 고산 씨의 근황 인터뷰를 본 적이 있습니다. 그 사건 이후 사업가로 변신한 그는 당시의 경험에 대해, "만약 제가 진짜 우주를 다녀왔다면 인생을 다이내믹하게 살지 못하고 '박제'처럼 살았을 것 같습니다. 돌이켜 보면 우주를 안 간 것이 인생의 기회였습니다."라고 회고했습니다.

당시에는 부정적이라 여겨졌을 사건이 '인생의 기회'로 재해석되는 것처럼, 과거의 경험이 현재의 당신에게 어떤 의미가 있는지 이야기를 풀어낼 수 있습니다. 일어난 것은 일어난 대로, 일어나지 않은 것은 일어나지 않은 대로 현재의 삶에 의미를 더하는 방식으로 이야기를 써보세요.

고난의 이유

사실, 어디까지가 나의 선택이었는지 모호한 경우가 많습니다. 그래서 나의 선택 여부와 상관없이 모든 경험에는 명분이 필요하게 됩니다. 사람들은 태풍이나 지진의 피해를 보면서도 그곳을 잘 떠나지 않습니다. 합리적으로 생각했을 때는 환경 조건이 더 나은 안전한 지역으로 이주하는 것이 맞겠지만, 직장, 자녀 교육, 사람들 등 이것저것 생각하다 보면 이동이 쉽지 않습니다. 그곳이 삶의 터전이기에 어려움을 받아들이고 이겨내야 할 곳으로 여기게 되죠. 자연재해와 같은 험난한 환경은 자신이 왜 그곳에서 '굳이' 사는지 이유를 찾게끔 줍니다.

이처럼 고통과 고난은 삶의 의미를 이해하고 싶은 마음을 강하게 불러일으킵니다. 큰 성취를 위해서는 노력이 필요하고 내일의 더 가치 있는 무언가를 위해서 사람들은 현재의 고통을 마다하지 않습니다.

고난이 의미 있는 삶을 만들 수 있지만, 그렇다고 의미 있게 살기 위해서 고난이 필요한 것은 아니죠. 사람들은 행복한 삶에서도 의미를 발견할 수 있으니까요. 그러나 고난, 특히 선택적 고난은 우리의 삶을 더 의미 있게 만들어주는 특별한 역설이 있습니다. 우리가 행복이라고 부르는 경험들에 대해 곰곰이 생각해 보면, 비교 대상이 있다는 것을 이해하게 되죠. 고통스러운 상태를 경험해 봐야 지금 상태가 행복해할 일인지 아닌지 알 수 있습니다. 급똥을 해결하고 화장실에서 나올 때 잠시나마 세상의 모든 근심 걱정이 사라지는 경험, 있으시죠? 고통과 고난은 우리에게 행복이 무엇인지, 의미 있는 삶은 무엇인지 알려주는 눈금자 같습니다.

의미를 담기에 가장 좋은 그릇, 사람

아이가 태어나면 삶의 만족도는 일시적으로 내려간다는 연구 결과가 있습니다. 왜 그런지는 육아를 해 본 분들은 아실 테죠. 저도 두 아이를 양육하면서 부모님의 마음을 조금이나마 헤아려 봅니다. 주변에 이제 막 아이를 키우기 시작한 지인들이 똥 기저귀 갈기에 여념이 없습니다.

특히 일을 그만두고 아이를 키우는 엄마들이 삶의 의미에 대한 깊은 고민에 빠지는 것을 봅니다. 제 아내도 '나는 엄마이긴 한데, 엄마이기 이전에 나는 나잖아'라는 정체성의 변화를 소화하느라 많은 어려움을 겪어야 했죠. 생활이 아기 위주로 돌아가고 어느새 자신은 주변부로 밀려나는 것 같은 경험을 합니다. 육아는 하루하루 기쁨과 어려움이 뒤섞여 있습니다. 때론 즐겁고 가슴 벅차오르는 감동이 있다가도 안타깝고 좌절하고 답답하고 내가 없어진 것만 같은 그런 날들이 반복됩니다.

한 가지 확실한 것은, 아무도 알아주지 않고 일

한 티도 나지 않는 것 같은 반복된 육아의 날들이 아이에게는 부모라는 존재를 조금씩 새겨나가는 시간이라는 사실입니다. 90살 100살이 된 할머니 할아버지도 어머니의 존재를 가슴 깊숙이 기억합니다.

누군가의 삶에 이토록 지대한 영향을 미치는 존재가 또 있을까요? 어머니라는 역할은 그토록 위대한 일입니다. 대체 불가한 존재이죠. 한 사람을 길러내는 것은 아무나 할 수 있는 것이 아닙니다. 누군가의 어머니라는 것만으로도 성공적인 인생이라고 이야기해 주고 싶습니다.

어릴 적 어머니는 들통이라고 부르는 큰 냄비에 국을 한 솥 끓여주셨습니다. 그러면 우리 가족은 한동안 국을 맛있게 먹었죠. 저는 가리는 음식 없이 골고루 잘 먹었지만, 사실 멸치를 그다지 좋아하지는 않았습니다. 멸치 똥은 별로 먹고 싶지 않았거든요.

그래도 사랑으로 끓여주신 국이기에 맛있게 먹었습니다. 어머니는 음식에 소질이 없다고 하셨지만, 세 남매를 배곯지 않게 키워내셨습니다. 누나 형이 고등학생, 그리고 제가 중학생일 때는 새벽부터 일어나 도시락을 하루에 다섯 개씩 싸셨죠. 아무리 실력 없는 똥손이라도 사랑이 담겨 있다면 누군가에게 의미 있는 사람이 되기에 충분합니다. 진심은 통하니까요. 사람은 삶의 의미를 담기에 가장 좋은 그릇입니다.

의미가 되어 주는 사람을 만드세요

미국 오하이오의 시골 마을에서 처음으로 아빠가 되었습니다. 분만실의 따뜻한 조명 아래, 탯줄을 자르고 핏덩이를 처음으로 품에 안았던 그때를 생각하면 아직도 눈물이 핑 돕니다. 그날 이후로 지금까지 두 아이의 부모로서 살아 보니 꼭 누군가에게 무언가를 해주어야만 그 사람에게 의미 있는 사람이 되는 게 아니라는 것을 깨닫습니다. 결국 의미는 내가 부여하는 것이지요. 생텍쥐페리의 <어린왕자>에서 여우가 어린왕자에게 했던 이야기처럼, 내가 물을 주고 시간을 쏟고 노력을 들인 꽃은 수많은 꽃들 중 단 하나의 소중한 꽃이 됩니다. 눈앞의 그 사람에게 잘 대해주세요. 당신에게 의미 있는 사람이 되어 줍니다.

저는 좋은 부모를 만났습니다. 태어날 때부터 인생의 절반은 성공하고 시작한 셈이지요. 형과 저는 학창 시절에 빨리 커서 결혼하고 싶다는 얘기를 가끔 나눴습니다. 화목한 가정을 꾸릴 수 있다는 희망을 품었죠. 감사하게도 사랑하는 사람과 결혼했고 14년째 살고 있습니다. 어린 시절 아이의 눈으로 바라보던 아버지와 부부, 그리고 제가 누군가의 남편과 아빠로 살아가는 것은 완전히 달랐습니다. 남편과 아빠는 처음이라 '아버지는 이럴 때 어떻게 하셨을까?' 종종 생각해 보게 되더군요. 결혼해서 처음 몇 년은 서로 맞출 수 있는 부분을 맞추려 노력했습니다. 지금은 맞출 수 없는 것을 맞추려 하기보다 서로의 다름을 인정하고 받아들이는 노력도 같이 하고 있습니다. 행복한 가정도, 친구 사이도, 직장과 일터에서 만나는 사람들과의 관계도 노력 없이 얻어지지 않습니다. 관계의 가치도 만들어갈 수 있습니다.

상대를 의미 있는 사람으로 대해주면, 아무리 둔한 사람이라도 느낄 수 있습니다. '저 사람이 나에게 진심이구나', '나를 가치 있게 대해주는구나'하고 말이죠. 당신의 눈앞에 자주 서 있는 조금 모자라 보이고 괴팍하고 배려심 없는 그 사람이 당신에게 의미 있는 사람이 될 수 있습니다.

사람은 우리가 가치를 담을 수 있는 가장 좋은 그릇입니다. 사람들 사이에서 희망하세요. 희망은 혼자서 할 수 없습니다. 가장 가까이에 있는 사람들부터 의미 있는 사람으로 만들어보세요.

자기가 태어나기 전보다

세상을 조금이라도 살기 좋은 곳으로

만들어 놓고 떠나는 것

자신이 한때 이곳에 살았음으로 해서

단 한 사람의 인생이라도 행복해지는 것

이것이 진정한 성공이다.

-랄프 왈도 에머슨-

똥 만드는 기계라는 오해

당신의 쓸모와 가치에 대하여

"이거, 똥 만드는 기계 아니여?"

중학교 때 한 선생님이 학생들을 혼낼 때 습관적으로 하시던 말입니다. 그때는 이 말이 인격모독의 좋은 예라고 생각했었는데, 인생을 살다 보니 '나는 똥 만드는 기계가 아닐까?' 하는 의심이 드는 날들도 있더군요. 다른 사람에게 정말 듣고 싶지 않은 인격모독의 말을 스스로에게 하고 있다니, 허탈한 웃음이 나옵니다. 아무도 내 가치를 알아주지 않는 것 같다는 생각이 들 때가 있습니다. 가사와 육아, 혹은 취업 준비나 어떤 시험을 앞두고 공부하는 것처럼 노력의 결과가 잘 보이지 않는 일을 하다 보면 더더욱 그런 생각이 듭니다. 열심히 했는데 결과가 시원치 않으면 마음이 어렵죠.

자기가 하고 있는 일의 가치는 누가 알아주지 않습니다. 다른 사람들은 당신의 일에 대해 모르고 또 당신만큼 관심도 없으니까요. 그들은 그들의 삶을 살기에 바쁩니다. 결국 당신이 하는 일의 가치는 스스로가 알아봐 줘야 합니다.

다른 사람들과 나를 비교했을 때도 그렇습니다. 사회 비교에 관한 연구들에서 보면, 사람들은 자기 자신에 대해서 잘 모를 때, 그리고 어떤 정보에 대한 확신이 없을 때, 다른 사람들과 비교하려는 경향을 보입니다. 자신이 가치 있는 존재인지 알기 위해 다른 사람들을 기준점으로 삼는 것이지요. 다른 사람과 비교를 통해 나를 이해하려는 노력은 자연스러운 심리 현상입니다.

그러나 가치를 평가하는 데 있어서는 그리 좋은 전략이 아닙니다. 비교 결과 내가 우월한 존재라고 느낄 수 있겠지만, 비교를 통해 얻은 자존감은 더 우월한 비교 대상이 있을 때 쉽게 흔들립니다. 반대로 상대방이 나보다 못하다고 생각되면 상대방의 가치를 무시하는 잘못을 저지르게 되죠. 온라인에서 쏟아지는 지인들의 소식은 '쟤는 저렇게 멋지고 행복하게 사는데, 나는 왜 이러고 있지?'라는 생각을 불러일으키죠. 우월감과 열등감에서 허우적대는 동안 당신의 가치는 요동칩니다.

로고테라피를 창시한 빅터 프랭클의 말을 빌리자면, 모든 경험에는 가치가 있으며 가치는 개인이 무엇을 할 수 있느냐가 아닌 개인이 가진 경험으로 정해집니다. 당신이 직장에서 얼마를 받고 있든, 경제 활동을 하든 안 하든, 친구가 많든 적든, 사회적으로 인정받는 것과 관계없이 당신의 경험은 그 자체로 가치 있는 것이 됩니다. 이런 주장을 한 빅터 프랭클은 아우슈비츠 수용소에서 모든 자유와 인간으로서의 권리를 빼앗겼지만 경험만은 빼앗기지 않았노라고 이야기합니다.

생각해 보니 정말 그렇네요. 당신의 경험은 누구도 빼앗을 수 없고, 그렇기에 그 경험이 당신을 가치 있게 만들어줍니다. 다른 사람들이 당신의 삶이 가치가 있다 혹은 그렇지 않다고 왈가왈부하지 않습니다. 그렇게 할 수도 없고요. 가치 판단을 내릴 수 있는 사람은 그 경험의 당사자인 당신뿐입니다.

그렇다면, 우리는 어떤 경험을 가치 있는 경험이라고 부를 수 있을까요? 다른 사람들이 이야기하는 기준이 아니라, 어떤 부분이 나에게 가치 있는 경험이라고 할 수 있을지 스스로 정해야 합니다. 다른 사람들이 세워 놓은 기준으로 당신이 가치 있는 삶을 살고 있다 아니다를 멋대로 평가해 버리도록 두는 것이 좋을까요, 직접 평가를 내리는 것이 좋을까요? 저는 언제고 후자를 선택하겠습니다.

모양이 다른 컵에 담긴 물

아이들이 서로 더 많이 먹겠다고 싸울 때가 있습니다. 똑같은 크기의 계란을 두 개 터트려 계란 프라이를 해줬는데 자기가 받은 계란이 더 작다고 불평합니다. 계란 껍데기를 보여주며 모양이 다를 뿐 양은 같다고 설명해 줘도 아이들에게는 모양이 더 중요하게 느껴지나 봅니다. 발달심리학자 피아제에 따르면, 유치원생 정도 되는 어린아이들은 아직 보존 개념이 없기 때문에 모양이 달라지면 안에 있는 내용물의 양도 달라진다고 생각합니다. 어른인 우리도 그렇지 않나요? 성적, 가진 돈, 직장, 직업, 힘에서 변화가 생기면 자신의 가치도 변한다고 오해하곤 하죠. 가치의 크기는 모양이 달라진다고 변하지 않습니다. 사람들의 평가가, 당신이 이룬 성과가 당신의 가치를 더하거나 빼지 않습니다.

좋은 것은 좋은 것대로, 나쁜 것은 나쁜 것대로 피하거나 부정하지 않고 있는 그대로를 삶의 주인으로서 살아낸 경험이라야 당신에게 가치를 줄 수 있습니다. 가치를 부여하는 것도 자신이고 가치를 느끼는 것도 자신입니다. 그러니 똥 같다고 느껴지는 현실조차도 당신의 가치를 만드는 당신만의 경험입니다. '나는 똥 만드는 기계가 아닐까?'라는 오해를 풀고 '나는 오늘도 경험을 만드는 가치 있는 존재야'라고 자신을 바라봐 주었으면 합니다.

미괄식이라 다행입니다

지금 하고 있는 일들이 의미 없는 반복이라고 느껴지시나요? 이런 무가치한 일을 하는 자신이 쓸모없는 인간이라 느껴질 때가 있습니다. 박사 2년 차를 마친 여름, 결혼은 메마른 제 유학 생활에 큰 변화를 불러왔고 더없이 행복한 나날들이 이어졌습니다. 그러나 얼마 지나지 않아 아내의 피부에 안 맞는 물과 거주 환경, 한국에 대한 향수, 단절된 사회 활동 등으로 찾아온 우울증까지 겹쳐 건강이 악화됐습니다. 유학생 배우자 비자로 미국에서 할 수 있는 일은 별로 없습니다. 더군다나 미국 중서부의 작은 시골 마을에서는 더더욱 고립감을 느껴야 했죠. 결혼 첫해 고생이란 고생은 다 하고서 다음 해 여름, 건강 회복을 위해 아내 혼자서 세 달간 한국에 다녀 온 적이 있습니다.

아내가 다녀오는 동안 연구에 집중하겠다는 목

표를 세웠지만, 다시 혼자가 된 저는 일이 손에 잡히지 않았습니다. 허전함을 채우려 새로운 취미를 시작했죠. 좋게 말해서 취미이지, 지금 생각해도 허송세월이라는 표현이 딱 맞는 그런 시간이었습니다. 카지노 카드 게임인 블랙잭의 전략들을 외우고 블랙잭 연습을 했거든요. 다행히 카지노에 갈 돈도 없었고, 돌아오지 못할 강을 건너는 것 같아서 열심히 연마한 기술을 써먹지 못했네요. 그나마 조금 더 생산적인 취미로, 공 저글링 연습을 같이 했습니다. 오전에 잠깐 공부 하고, 나머지 시간에는 저글링과 기타 치기, 그리고 블랙잭으로 하루를 채웠고요.

삶이 의미 없게 느껴지고 지금 하는 일이 쓸데없게 느껴지는 순간들을 자세히 들여다보면 패배하고 주눅든 자신이 자리하고 있습니다. 뭔가로부터 도피가 필요했거나, 어쩔 수 없이 해야 한다거나, 자신이 아닌 다른 사람을 위해 일을 한다고 여기면 오늘의 일에 가치를 담기가 어렵습니다. 그것이 공부일 수도 있고, 직장에서의 일일 수도 있고, 누군가에게는 육아일 수도 있습니다. '내가 도대체 여기서 지금 뭘 하고 있는 거지?', '나는 이 짓을 왜 계속 하고 있는걸까?' 등 이런저런 내면의 목소리가 들려오죠. 괜찮습니다. 지금 무가치하게 느껴지는 그 일은 인생의 중요한 부분을 강조해 주기 위해 반드시 있어야 할 여백과도 같습니다. 인생이 마치 중요한 결론이 맨 뒤에 나오는 미괄식 글이라고 생각해 보세요. 지금 결론 내리지 않아도 멋진 인생 이야기를 쓸 수 있습니다.

과학이 과학일 수 있도록 해주는 중요한 특성들 중 자기교정이라는 특성이 있습니다. 원래 있던 이론이 틀렸음을 보여주는 증거들이 쌓이면 그 이론은 폐기되고 더 좋은 이론이 정설로 받아들여지죠. 인생에 대한 우리의 신념도 이와 비슷합니다. '삶은 이렇게 사는 거야'라는 인생의 정답을 가지고 시작하는 것이 아니기에, 우리는 살아가면서 나름의 답을 만들어갈 수밖에 없습니다. 자기교정적인 과학의 속성처럼, 그때는 맞았던 것이 지금은 틀린 것이 되기도 하고 그 반대가 되기도 하죠. 지금까지 그래왔던 것처럼, 앞으로도 무수한 선택과 역경 그리고 우여곡절이 예정되어 있습니다. 우리의 선택과 결과들이 쌓이고 나면 비로소 인생은 본질을 드러냅니다. 자기 삶에 대한 결론을 내릴 수 있게 되죠. 그리고 그 결론은 새로운 경험을 통해 또다시 수정될 테고요.

내가 뭘 좋아하는지 모른다면 그동안 좋아하지 않았던 일들을 뺀 나머지에 주의를 기울여 보세요. 지금까지 인생이 의미 없다고 느꼈다면 다른 일을 해보면 됩니다. 우리의 경험은 상대적이죠. 가치 없다고 느껴지는 일들이 바닥을 깔아주어야 가치 있는 일이 드러납니다. 고통스러운 순간이 있어야 쾌락이 쾌락인 것을 알 수 있고, 중요하지 않은 문장들이 있어야 중요한 문장이 눈에 띕니다. 블랙잭 전략을 외우고 앉아 있던 그때를 생각하면, 이제 뭘 하든 그때보다는 더 가치 있고 생산적인 일일 수 있겠다는 확신이 듭니다.

결정적 문장이 드러나는 순간 인생이라는 글의 한 단락이 완성되겠죠. 의미를 포함한 인생의 많은 속성들이 상대적인 것이라, 무가치하다고 여겨지는 일들이 쌓이고 쌓여야 비로소 가치 있는 것이 무엇인지를 알게 됩니다. 그러니 지금 비록 똥 만드는 기계라고 느껴지더라도 괜찮습니다. 오늘의 무가치함은 내일의 가치를 알아볼 수 있도록, 당신이 중요하게 생각하는 것이 더 빛나고 중요해 보이도록 배경의 역할을 해주는 중입니다. 현타(깨달음의 순간)가 와야 변화의 의지가 생겨납니다. 그렇게 생각하니 제법 희망적이지 않나요?

예술 작품들을 생각해 보세요. 그림에서 쓸모없어 보이는 여백들이 있어 준 덕분에 묘사 대상이 선명하게 드러나고, 조각상 역시 쓸모없는 부분들이 깎여 나가준 덕분에 멋진 형태가 드러납니다. 진부한 표현이지만 우리는 모두 인생이라는 작품을 만드는 예술가입니다. 의미 있는 것들이 무엇인지 알아내기 위해 무의미한 것들도 기꺼이 감수하는 것이라고 생각해 보세요. 똥 만드는 기계라 느껴지는 시간들조차도 당신의 인생에 꼭 필요한 한 부분입니다. 괴테의 말처럼 인간은 지향이 있는 한 방황할 테죠. 그 방황이 끝날 때까지 희망을 꼭 붙들고 있기를 응원합니다.

가치를 확인하세요

이따금 아이들을 데리고 근처에 있는 에버랜드에 다녀오곤 했습니다. 아이들은 많은 놀이 기구들 중 비룡열차와 그 옆에 있는 전투기를 유독 좋아했죠. 코로나로 사람이 별로 없어, 한 번 가면 같은 기구를 열 번 정도씩 신나게 탔습니다. 다른 많은 놀이 기구들이 있지만 아이들은 직접 타 본 몇 가지 기구만으로 에버랜드 전체의 가치를 이해합니다. 앞으로 키가 더 자라면 더 많은 놀이 기구들을 경험해 볼 수 있겠죠.

우리가 가진 가치와 이에 대한 이해도 마찬가지입니다. 우리는 놀이공원 전체에 있는 놀이 기구들처럼 이미 가치를 가지고 있습니다. 경험을 통해서 가지고 있는 가치를 확인할 뿐입니다. 주변 사람들의 칭찬이, 크고 작은 성공이, 직장이, 돈이 당신의 가치를 높이는 것이 아닙니다. 당신은 가치 있는 사람이라는 사실을 확인시켜 줄 뿐입니다. 자신에게 가치 있는 일을 해야 가치를 확인할 수 있습니다. 자신의 가치를 높이고 싶다면 오늘부터 나에게 중요한 일들을 먼저 하기로 선택해 보세요.

태어날 때 당신은 울었고

세상은 환호 했습니다.

죽을 때 세상이 울고

당신이 환호하는 삶을 살아가세요.

- 아메리카 원주민 속담-

똥만 잘 싸도 칭찬받기에 충분합니다

한국으로 돌아오기 전 마지막 3년은 아파트가 아닌 단독 주택에서 지냈습니다. 어느 늦은 밤, 아이들을 재우고 거실 소파에 누워 있는데 부엌에서 부스럭거리는 소리가 났습니다. 수상한 낌새를 느낀 저는 조심스레 부엌으로 갔습니다. 불을 탁 켜니 작은 쥐 한 마리가 타다닥 도망갔죠.

'아, 올 것이 왔구나'

미국 시골집 뒤로 작은 동산이 있었습니다. 너구리, 오소리, 사슴 친구들이 앞뜰과 뒤뜰에 자주 찾아왔죠. 그러나 쥐는 정말 초대하고 싶지 않은 친구였습니다. 어린 시절 집 안에 한 번씩 쥐가 들어오곤 했습니다. 아버지가 빨랫방망이를 들고 신호를 주시면 형과 저는 한쪽에서 쥐를 몰았죠. 미국에서는 같이 쥐 소탕 작전을 할 사람들이 없었기에, 쥐 전문가를 불렀습니다. 블랙라이트 손전등을 들고 와서 집 안팎을 두루 살핀 전문가는 쥐똥 몇 개를 보여주며 아직 번식을 많이 한 것은 아니며 똥 상태를 보니 예전에는 들쥐가 있었던 것 같지만 현재 들쥐는 없다고 얘기해줬습니다. 어디에 쥐덫을 설치해야 하는지도 알려줬죠.

우리가 매일 만드는 똥 역시 우리가 누구인지를 말해줍니다. 당신에게 똥이란 무엇인가요? 일단 더럽고 하찮고 피하고 싶은 것이죠. 똥은 당신의 부족한 부분이기도 하고 분리해야 할 부정적인 모든 것입니다. 그러나 똥은 실패 혹은 성공이라 불리기도 하는 당신의 노력과 도전과 선택의 신성한 결과물이

기도 합니다. 당신이 매일을 성실히 살아냈다는 인증서와 같죠. 그것이 부끄러운 실수와 실패가 되었든, 하찮게 여겨지는 일상의 성취이든, 아니면 숨 막히는 현실이 되었든, 그 똥은 당신이 싼 똥이기에 당신의 존재를 증명하기에 모자람이 없습니다.

 우리 모두 똥만 잘 싸도 칭찬받을 때가 있었습니다. 지금은 어릴 때보다 훨씬 더 많은 일들을 거뜬히 해내는 중이죠. 겁먹거나 주눅이 들 필요 없습니다. 평범하다고요? 평범하게 사는 게 얼마나 어려운 건데요. 평균 이하라고요? 다들 그래요. 다들 평균 이하인 것들을 한 개 이상씩은 가지고 있죠. 내가 나로서 의식적으로 존재할 수 있는 시간, 그 모든 특권을 가진 오늘 하루 동안 당신이 존재했음을 알려주는 가장 확실한 증거가 바로 당신의 똥입니다. 그러니 똥은 아무것도 아닌 것이 아닙니다. 오늘도 우리 모두 똥을 만들어내느라 수고 많았네요. 화장실에서든 어디서든 아주 잠깐이라도 매일 자신에게 집중할 수 있는 시간에 칭찬해 주는 연습이 필요합니다. 아무도 없을 때 소리 내서 말해주세요. "오늘도 즐뚱하는 나 자신, 칭찬해."

하루만 잘 살아내도 성공입니다

초등학교 때 밥 아저씨가 TV에서 그려주던 풍경화 같은 멋진 그림 퍼즐을 맞추는 것을 좋아했습니다. 누나 형과 셋이 둘러앉아 어디선가 선물 받은 1,500개, 2,000개 조각 퍼즐 맞추기를 하다 보면 그림 하나가 뚝딱 완성되곤 했습니다. 풍경화 그림에서 나뭇잎이 무성한 부분은 맞추기가 어려웠죠. 조각 하나만 볼 때는 다들 비슷해 보여서 헷갈렸지만, 조각들을 모으면 멋진 그림이 나온다는 기대가 있었기에 조각들을 요리조리 맞춰보며 재미있어했던 기억이 납니다. 하루를 성실히 살아낸다는 것은 2,000개 조각으로 나뉜 그림의 작은 부분을 완성하는 것과 같습니다. 실제 날 수로 계산해 보면 2,000일은 5년 반이라는 시간이네요. 하루하루는 비슷해 보이는 퍼즐 조각처럼 대수롭지 않은 일상으로 채워집니다. 때로는 기억에서 지워버리고 싶을 만큼 정말 형편없는 날도 있고, 뜻하지 않게 일이 잘 풀려 기분 좋은 날도 있죠. 이 모든 날들이 모여서 한 달, 6개월, 그리고 1년을 만들어 갑니다. 하루를 잘 살아냈다는 것은 인생을 완성도 있게 살아냈다는 말과 같습니다. 오늘을 잘 살아낸 당신이 자신을 칭찬할 수 있는 이유입니다. 더 나쁜 선택을 할 수 있었음에도 그렇게 하지 않았음을 칭찬해주고, 그 자리에 주저앉고 싶은 마음을 달래며 여기까지 와준 것을 칭찬해 주세요.

잊지 말아야 할 것은, 당신은 누군가에게 칭찬받지 않고도 가치 있는 존재라는 사실입니다. 칭찬이 당신의 가치를 높이는 것이 아닙니다. 다만 확인시켜 주는 것이지요. 가치는 외부의 어떤 조건과 관계없이 이미 가지고 있는 것이니까요.

꽤 괜찮은 사람을 만나는 법

아이들을 키우다 보면 잔소리를 하게 됩니다. 이제 초등학생이 된 아이들을 보며 부모로서 많은 것을 느낍니다. 아이들은 인내심 측정기와 같아서 제 그릇의 크기가 얼마나 되는지 알게 되죠. 그래도 심리학을 공부하면서 격려의 힘을 잘 알고 있기에 되도록 칭찬을 많이 해줍니다. 첫째 아이는 겁이 조금 많습니다. 특히나 병원에서 주사 맞는 것을 무서워하죠. 진료실이 떠나가라 울고 난리를 피운 끝에 눈물을 훔치며 주사 맞기에 성공한 딸에게 칭찬을 해줬습니다.

"아빠도 무서울 때는 피하고 싶고 그런데, 우리 딸 용기가 대단한데? 오늘 두려움을 이겨낸 거야."

아이들은 어린 시절 부모와의 안정적 애착을 통해서 희망을 경험한다고 합니다. 부모의 사랑을 받고 자라난 아이는 자신이 사는 세상이 신뢰할 수 있는 세상이라고 믿게 되죠. 아이들을 칭찬하면서 생긴 기분 좋은 변화가 두 가지 있습니다. 하나는 화를 내지 않고도 문제를 해결할 방법을 알았다는 데서 오는 희망감입니다. 다른 하나는 칭찬하려고 좋은 면을 보려고 노력하다 보니 아이들에게서도 배울 것이 많다는 깨달음입니다. 칭찬의 대상은 아이들뿐 아니라 누구라도 될 수 있죠. 누군가를 칭찬해 보세요. 칭찬은 칭찬하는 사람과 칭찬을 받는 사람 모두를 성장시킵니다.

사람이 성장하는 방법에는 크게 강점을 살리는 방법과 약점을 보완하는 방법이 있습니다. 우리는 이 두 가지 방법을 적절히 섞어서 사용하지요. 이때 순서를 지키는 것이 매우 중요합니다. 상대에게 부족한 부분을 얘기해 주고 싶다면 먼저 다섯 번 이상은 칭찬을 해주어야 합니다. 부족한 부분을 먼저 얘기하면 뒤에 따라오는 칭찬은 아무리 숫자가 많아도 칭찬으로 받아들여지지 않거든요. 칭찬을 먼저 들은 사람은 '나는 꽤 괜찮은 사람이야'라는 생각을 하게 됩니다. 자신의 가치를 확인하면 대인배가 되고 마음이 활짝 열립니다. 부정적인 피드백을 받더라도, 그것을 위협이 아니라 성장의 단서로 받아들일 수 있죠. 집에 아이들이 있다면 아이들에게, 친구와 직장 동료에게, 그리고 가장 중요한 당신 자신에게 칭찬을 해주세요. 꽤 괜찮은 사람들로 당신의 인생 이야기를 채워 나갔으면 합니다.

그 정도면 더럽게 희망적인 겁니다

그 정도면 성실한 겁니다

한국에 돌아와 지난 4년간 이것저것 새로운 일에 도전해 보며 잔뜩 희망에 부풀어 있었습니다. 그러나 인생은 그리 호락호락하지 않더군요. 똥 같은 상황들이 생겨났고, 똥 같은 생각들도 떠올랐습니다. 어린 시절부터 열심히 살아왔고 어느덧 나이 마흔이 넘었는데도 이룬 것도 가진 것도 없는 것 같고 하루하루 닥친 일들을 처리하며 살아내기에 급급하고, 그런 일상에 익숙해지기 싫었지만 꿈을 위해 뭔가를 더 하기가 이렇게 버거운 것인가 하는 생각이 들 때가 있었습니다.

새로운 일을 시도하다가 멈춰버리는 자신을 보면서 '역시 난 꾸준히 뭔가를 성실하게 못 하는 사람인가? 나 같은 사람의 이야기가 무슨 도움이나 되겠어?' 하는 착각에 빠지기도 했습니다. 솔직히 저에게는 지하 단칸방에서 시작해서 100억 부자가 되었다느니 하는 그런 극적인 인생 이야기는 없습니다. 그렇지만 적어도 일상 너머의 뭔가를 꿈꾸고 도전해보는 것만으로도 충분히 가치 있는 삶이라는 생각으로 살아왔습니다. 제 꿈 이야기를 잘 들어주는 친구와 이런 이야기를 나눈 적이 있습니다.

"서점에 가서 책들을 살펴보니까, 뭔가 배곯을 정도로 지독하게 가난하고 어려웠던 사람이 서울대학교를 나와서 하버드 교수가 됐다는 그런 책이 인기 있는 것 같아. 제목도 자극적으로 뽑기 좋고 말이야."

"오히려 나는 그런 것보다 너처럼 적당히 가난하고 적당히 성취한 이야기가 더 현실적이라 좋을 것 같은데."

친구의 응원에 용기가 생겼습니다. 집에 돌아오는 길에 오래전 읽었던 사이토 다카시의 <독서는 절대 나를 배신하지 않는다>라는 책에서 봤던 글귀가 생각났죠. 책의 저자는 인생에 쓸모없고 가치 없는 책은 없다고 말합니다. 조금 더 좋은 책이 있을 뿐이며, 결국 책의 가치는 읽는 사람이 얼마나 배우고자 하는 마음으로 책을 읽는지에 달렸다는 내용이었죠.

우리의 삶도 마찬가지입니다.
'그래, 이 정도면 성실하게 살아가고 있는 거야. 나도, 그리고 저기 보이는 저 사람도 성실하니 이렇게 살아 있는 것이겠지'

물론, 누군가는 저보다 더 성실하겠지만, 그렇다고 제가 성실하지 않은 게 되는 것은 아니라는 생각에 위로가 되었습니다. 당신도 그렇습니다. 그 정도면 성실한 겁니다.

불공평한 게임에서 이기는 법

밑 빠진 독에 물 붓기라는 말이 있죠. 주로 어떤 일에 노력을 해도 성취나 보람이 없을 때 이 표현을 사용합니다. 인생의 의미를 담는 항아리가 있다면 아마도 밑 부분에 큰 구멍이 뚫린 항아리의 모습을 하고 있을 겁니다. 살다 보면 원하거나 의도하지 않았는데 더럽고, 어렵고, 짜증 나고, 밉고, 섭섭하고, 두렵고, 불편하고, 답답하고, 어색하고, 불분명하고, 속상하고, 허탈하고, 어찌할 수 없는, 정말 똥 같은 순간들이 종종 찾아오죠. 고이 담아 두었던 인생의 의미가 이런 부정적인 일들이 만들어내는 구멍을 통해 순식간에 빠져나가 버립니다. 삶의 의미를 담아 두는 그 항아리에는 도대체 얼마나 큰 구멍이 뚫려 있는 걸까요?

 심리학자들이 '부정성 편향'이라고 부르는 현상이 있습니다. 심리학 연구들을 한데 모아놓고 보니 사람들이 경험하는 모든 나쁜 것들이 거의 예외 없이 좋은 것들보다 훨씬 더 강한 힘을 발휘하더라는 겁니다. 부정적인 것의 힘은 너무나 강해서, 나쁜 일이 한 번 일어났다면 좋은 일이 적어도 네 번은 일어나야 그 나쁜 일이 우리 생각과 행동에 미치는 부정적인 영향을 상쇄시킬 수 있다고 합니다.

 경험을 떠올려보면 정말 그런 것 같습니다. 오래 알고 지낸 좋은 관계에서도 작은 오해로 인해 사이가 틀어지기도 합니다. 행복한 가정도 부부싸움을 한 날이면 삶이 무의미하게 여겨지기도 하고요. 열 번을 잘 해왔어도 한 번 못하면 비난이 쏟아지고, 그

한 번의 잘못을 만회하기 위해서는 정말 많은 시간과 노력이 필요합니다.

얘기해놓고 보니 인생의 의미 게임은 참 불공평하네요. 그런데 이보다 더 중요한 것은, 이 글을 읽고 있는 당신이 어쨌든 지금까지 포기하지 않고 그 불공평한 게임에 계속 참여해 왔다는 사실입니다. 그토록 강력한 힘을 발휘하는 온갖 어려움에도 불구하고 이렇게 오늘까지 살아왔다는 것은, 그래도 그럭저럭 살만한 인생이라 믿어 왔다는 것이겠죠. 그러니 엄청나게 희망적인 것으로 느껴지지 않더라도, 사실은 그 정도면 더럽게 희망적인 겁니다.

희망에 대해서 좀 더 얘기를 해볼까요? 지금까지의 경험들을 돌이켜보면, 항상 그런 것은 아니었지만 밑 빠진 독에 계속 물을 붓다 보면 언젠가 물이 가득 차서 넘치는 순간이 오기도 했습니다. 대학원에서 공부할 때 그런 순간들이 있었죠. 물이 차서 넘치기 전까지는 항아리에 물이 얼마나 들어있는지 보이지 않습니다.

희망은 이와 같아서, 지금 당신과 다른 사람들의 눈에는 보이지 않을 수도 있습니다. '내가 지금 이렇게 하고 있는 게 맞나?' 하는 의심이 들기도 하죠. 그러나 보이지 않는다고 해서 없는 게 아닙니다. 희망이 없었던 적은 한 번도 없습니다. 어떻게든 내일이 찾아 올 거라 믿으며 오늘을 사는 모든 사람들에게 희망이 있습니다. 그러니 이 책을 집어 들어 지금 이 문장을 읽고 있는 당신 정도라면, 그 정도면 희망적인 겁니다.

물이 차올라 넘치기 시작하는 그 순간에 이르러서야 비로소 깨닫게 됩니다. 어두운 항아리 안에 있어 느껴지지 않았지만 희망은 항상 있었고, 그것이 결국 밑 빠진 독을 채우고도 넘칠 만큼 큰 의미를 만들어냈다는 것을 말입니다. 똥 같은 현실에 가려져 잘 보이지 않는 희망이지만, 그것을 끝내 버리지 않는 사람에게 인생이 가끔씩 '옜다, 수고했어.' 하며 무심코 던져 주는 선물이랄까요. 이렇게 놓고 보면 삶의 의미 게임이 꽤 공평한 것 같기도 합니다. 불공평한 게임에서 이기는 법은 일단 게임을 포기하지 않고 계속하는 것입니다. 적어도 삶이라는 게임에서는 이 전략이 통했던 것 같습니다.

희망적이라 느꼈던 때를 떠올려보세요. 헷갈린다면 희망적이었던 것으로 일단 반올림해주세요. 의식적으로 노력해야 합니다. 똥 같은 현실이지만, 당신이 지금 그 자체로 얼마나 가치 있는 사람이고 대견한 존재인지를 느낄 수 있으면 좋겠습니다. 그리고 당신의 앞날에 얼마나 더 멋진 일들이 벌어질지 스스로에게 기대하는 마음이 생겼으면 합니다. 우리는 부정성 편향을 이겨낼 만큼 엄청나게 희망적인 존재입니다. 더럽지만 희망적인, 그래서 더럽게 희망적일 수밖에 없는 당신을 응원합니다.

II.

너무 무겁게 느껴진다면
/ 부정적인 생각부터 덜어내 보세요

부끄러워할 필요 없습니다

Don't apologize for who you are

초등학교 시절 좋아하던 여자아이가 동네 안쪽에 살았습니다. 학교에서 그 여자애의 집으로 가려면 반드시 저의 집을 거쳐야 했습니다. 문제는 화장실이 하필 길가에 붙어 있어 화장실에 들어가고 나가는 모습이 멀리서도 보였죠. 재래식 화장실의 유리 없는 창문이 길 쪽으로 나 있어 볼일 보는 소리와 냄새가 자칫 행인에게 생중계될 수 있다는 치명적인 단점이 있었습니다. 그나마 다행인 점은 그때부터 지금까지 줄곧 제 시력이 좌우 2.0으로 매우 좋았던 것이죠. 그 아이가 저를 발견하기 전에 제가 먼저 매의 눈으로 보고 피할 수 있었으니 다행이라고 생각했습니다. 지금까지도 그렇게 믿고 싶고요. 가끔 화장실에 가려다 그 아이가 저 멀리서 오는 것이 보이면 얼른 화장실 뒤로 몸을 숨겼습니다. 지나가는 발소리로 그 아이의 위치를 파악해 그에 맞춰 화장실을 끼고 반대 방향으로 돌았습니다. 적당히 거리가 벌어지면 그제야 마음 놓고 똥을 쌌죠. 지금이야 피식하고 웃을 이야기지만 당시 풋사랑에 빠진 아홉 살짜리 소년에게는 꽤 중요한 문제였습니다. 따지고 보면, 제가 그 여자아이를 좋아하는 마음보다 화장실이 훨씬 더 먼저 있었습니다. 상황이 바뀌었다고 해서 존재가 부정되는 것은 아니지요.

박사 과정 중 한인 학생회장을 맡게 되어, 학교에 있는 한국 학생들과 함께 한국 문화를 알리는 행사를 준비했습니다. 학기 중에 한창 학생회 행사에

신경 쓰다 보니 매주 있는 연구 미팅에 소홀해졌습니다. 지도교수님께 이런 일을 맡아 미안하다며 이런저런 얘기를 했더니, "Don't apologize for who you are."라는 답이 돌아왔습니다. 한국인이기 때문에 그리고 가치 있는 일이라고 여겼기 때문에 그 일을 하고 있는 것일텐데, 그것이 잘못은 아니라고 얘기해주었습니다. 큰 위로가 됐습니다. 그 때 실험을 계속 하고 있었지만 결과가 잘 나오지 않아 마음이 어려워지려던 차였습니다. 미국에 오기 전부터 저는 한국인이었죠. 상황이 바뀌었다고 해서 제 가치가 바뀌는 것이 아니었는데 말입니다.

나를 부끄러워하지 않는 단단한 마음

공공기관 직원 채용 면접에 가면 가끔 가장 존경하는 사람으로 부모님을 이야기하는 지원자들이 있습니다. 이 진부한 표현이 제게는 정말 멋지게 들립니다. 저도 가장 존경하는 사람이 제 부모님이거든요. 아버지와 어머니 두 분은 평생을 시골의 작은 교회를 운영하시며 주위의 더 어려운 사람들을 돕는 일을 해오셨습니다. 담벼락도 대문도 없지만 문도 안 잠그고 살아오셨는데 아직 한 번도 도둑이 들지 않은 것이 신기합니다. 아버지는 우스갯소리로 도둑이 훔쳐 갈 게 없기 때문이라고 하십니다. 새벽부터 밤늦게까지 밭농사까지 하시면 힘들지 않으시냐고 여쭤봤더니 "재밌어!"라는 한 마디가 돌아옵니다. 이 재미있다는 표현이 재미있습니다. 저 말 앞에 얼마나 많은 수식어들이 붙어야 할지 가늠이 되지 않습니다. 두 분의 인생 이야기를 잘 아는 아들로서 "재밌어!"라는 말 한마디가 두 분이 70년 넘게 인생을 살아보고 내리신 결론이라는 생각이 듭니다. 부모님은 재물을 물려주시지 않았지만 삶을 바라보는 태도와 삶의 중심을 잡아줄 수 있는 믿음을 물려주셨습니다. 삶으로 몸소 보여주셨기 때문에 존경하지 않을 수 없는 분들입니다.

남는 시간마저도 어려운 사람들을 돕는 데 쓰시는 부모님의 모습을 보면서 늘 존경해왔지만, 어린 시절 한때 가난이 부끄러웠던 적이 있습니다. 저는 아주 어렸을 때는 고무신을 신었고, 초등학생 때는 학교 앞 문방구에서 파는 몇 천 원짜리 육상화를 신고 다녔습니다. 육상화 생고무가 어찌나 질긴지 잘 떨어지지도 않았죠. 사실, 육상화를 신는 것을 좋아했습니다. 학년 전체 남자아이들 중에서(그래봤자 10명도 안 되었지만) 달리기가 가장 빠르다는 사실에 육상화를 신고 있으면 5자신감이 붙었거든요.

어느날부턴가 학교 친구들은 프로스펙스나 니코보코 운동화를 신고 왔습니다. 여드름이 하나 둘 올라오기 시작하던 6학년이 되니 친구들과 다른 신발을 신고 있는 제 모습이 신경 쓰이기 시작했습니다.

초등학교 졸업식이 있었고 아버지 어머니 누나

형 모두가 졸업식에 왔습니다. 당시 동네 아는 분이 꽃 농장을 하셨는데 그곳에서 직접 받은 꽃에 따로 포장 없이 투명 비닐을 투박하게 감싸서 만든 꽃다발이었습니다. 다른 친구들 꽃다발보다 꽃은 더 많았지만 한눈에 봐도 판매되는 꽃다발이 아니었습니다. 그날 졸업식 때 학생회장으로 시상대에 서서 많은 상을 받았지만 어깨는 잔뜩 움츠러들어 있었고, 그 꽃다발을 들고 사진을 찍기가 싫었습니다. 세상 부끄러운 표정으로 꽃다발을 들고 있던 그때 사진을 볼 때마다 얼굴이 붉어집니다. 다행히 중학생이 되면서 부모님이 얼마나 대단하신지를 이해하기 시작했고 이후로 가난은 더 이상 문제가 되지 않았습니다. 지금 생각하면 일찍 철이 들었네요.

"수학여행비가 부담돼서 가지 않을게요."

고등학교 1학년 때 부모님께 부담 드리고 싶지 않아 수학여행을 가지 않겠다고 마음먹고 담임선생님께 얘기했습니다. 돈 없다는 얘기를 하면서도 당당

했죠. 지금까지도 그렇습니다. 멋진 자동차가 지나가면 고개가 돌아갈 때도 있지만, 그렇다고 지금 가진 것들에 만족하지 못한다거나 열등하게 여기지 않습니다. 이제는 그런 나이가 되었지요.

사진을 다시 보니 꽃집에서 꽃 몇 송이에 리본과 색지만 잔뜩 넣어 부풀린 꽃다발보다 제 꽃다발이 산지 직송의 싱싱한 꽃으로 풍성하게 만들어져 더 고급지고 예쁘게 보이더군요. 그땐 그게 왜 안 보였을까요? 막내아들의 졸업식을 위해 예쁜 꽃들만 모아서 준비해 오신 부모님의 마음을 그때는 헤아리지 못했습니다. 가지고 태어난 것을 부끄러워할 필요 없습니다. 그것이 부끄럽다면 부모님을 부끄럽게 하는 것이죠. 오히려 그런 환경을 통해 돈 주고도 살 수 없는 삶의 태도를 만들어 주셨으니 감사할 이유가 됩니다. 결핍이 없었다면 몰랐을 나의 강점을 일찌감치 발견할 수 있는 기회를 주신 것입니다.

성격보다 더 중요한 것

누구에게나 약점과 강점이 있습니다. 장점과 단점은 어떤 장소, 누구와 있느냐에 따라 달라집니다. 말수가 적은 성격은 사람들을 만나서 짧은 시간 안에 많은 정보를 전달해야 할 때는 좋지 않지만, 집중해서 일을 처리해야 할 때는 도움이 되기도 합니다. 당신의 성격이 어떠하든, 어떤 모습의 사람이든, 누구에게나 강한 면모가 있습니다. 그러니 부끄러운 것에 눈을 주지 말고, 스스로에게 뿌듯해할 수 있는 것들에 집중해 보세요. 부끄럽다고 생각되는 것들도 따지고 보면 딱히 부끄러울 것도 없습니다. 다들 모자라고 내세울 것 없는 채로 그렇게 살아가고 있거든요.

언제부터인가 한국에서 MBTI 성격검사가 유행하기 시작했습니다. 한국뿐 아니라 전 세계적으로도 많은 사람들이 자신에 대해 알고 싶은 마음에 MBTI

를 즐겨 하죠. 한국에서 유독 MBTI가 인기 있는 이유는 아마도 한국 사람들이 다른 사람들의 평가로부터 스스로를 너무나 옭아매고 있었기 때문 아닐까 합니다. 모두들 평가에 민감하고 평가에 지쳤죠. 부족한 부분을 채우는 것은 어렵기만 합니다. MBTI는 어떤 성격이 좋다 나쁘다고 하지 않습니다. 처음 만난 사람들에게도 평가의 부담 없이 "나는 이런 사람입니다"라고 자신을 소개할 수 있는 좋은 도구가 되죠. 그래서 다른 더 좋은 성격검사들이 많은데도 유독 MBTI가 인기를 끌게 되었다고 생각합니다.

성격은 우리가 삶을 살아가는 데 영향을 미칩니다. 그러나 그게 다가 아니죠. 성격은 양날의 검입니다. 자신의 성격을 단순히 아는 데서 그친다면 무의식적으로 변명에 사용하기 쉽습니다. '난 극 T라서, 이런 성격이라 어쩔 수 없어', '나는 그냥 생긴 대로 살래'와 같이 생각하면 더 이상 성장하지 않습니다.

성격을 파악했다면, 자신에 대한 이해를 통해서 삶의 지평을 넓혀 나갈 수 있습니다. '난 이런 성격이니까 이런 상황을 만나면 이렇게 해 봐야지'라는 생각을 해볼 수 있겠죠.

성격은 바뀔 수 있습니다. '난 원래 이런 사람이야'를 고집하기에는 우리 삶이 그렇게 단순하지도 않고 고정적이지도 않습니다. 시시각각 상황이 변하고, 사회적 역할이 달라지고, 내 상태도 변합니다. 초중고, 그리고 대학생 때 친구들을 졸업 후 오랜만에 만났을 때를 생각해 보세요. 가까웠던 친구도 추억 이야기를 하고 난 뒤에는 문득 어색하고 낯설게 느껴진 적 있으시죠? 두 사람이 함께했던 경험 이후로 수많은 일들을 겪으면서 그 친구도 당신도 변했기 때문입니다.

자신 안에 있는 수많은 모습들 중 상황에 맞게

장점이 될 수 있는 모습을 꺼내 놓으세요. 때론 사자처럼 용맹스럽게, 때론 나무늘보처럼 세상일에 무관심한 듯하게, 때론 하이에나처럼 영리하고 집요하게 대응하면 됩니다.

부족한 것이 있으면 넘치는 것도 있기 마련입니다

한국에 돌아와서 ADHD라는 진단을 받았습니다. 그동안 아내도 저도 기정사실로 받아들이고는 있었지만 마흔이 되어서야 자타 공인 ADHD 특성을 가진 사람이 되었죠. ADHD 전문가인 에드워드 할로웰Edward Hallowell 박사는 ADHD가 초고출력 뇌를 가졌기에 통제가 어려운 특성을 가진다고 설명하며 '자전거 브레이크가 달린 페라리 뇌'라는 표현을 합니다. 정말 멋진 비유입니다. 장애가 아니라 엄청난 강점이 있는 개인 특성이라고 이야기하는 그의 말에 설득되어, 저도 제가 가진 고출력 엔진을 제대로 활용하고 싶어 병원에 찾아가 진단을 받았습니다.

지금까지 살면서 있었던 수많은 오해들과 어이없는 상황들을 되돌아봤습니다. 학창 시절부터 줄곧 벼락치기 공부를 했습니다. '내일 할 일은 내일 하자'는 신조로 일을 미루기 일쑤고, 약속과 준비물 잊어버리기는 다반사요, 책상은 늘 정신없이 온갖 것들로 덮여 있죠. 갑자기 생뚱맞은 일을 덜컥 시작한다든가, 방금 만난 사람 이름이나 오늘 있었던 일도 제대로 기억하지 못합니다. 맥락에 맞지 않는 생각을 자주 하고 추론이 잘 안되고요. 그런 제가 박사 공부까지 하고, 결혼해서 가정을 이루고, 멀쩡히 직장도 다니고, 이렇게 책도 써내고 있네요.

긍정심리학에서는 한 사람의 성격과 능력뿐 아니라 가치관과 삶의 태도까지 알려주는 그 사람의 가장 좋은 모습을 강점strength이라고 부릅니다. 누구나 강점이 있죠. 일상에서 자신의 강점을 발휘할 때 진짜 나로서 산다는 느낌을 받고 활기 넘치는 삶을 살게 된다고 합니다. ADHD 성향 덕분에 생기는 강점들이 있습니다. 제 경우 창의성과 호기심, 그리고 용감성과 희망과 감사가 제 삶을 의미 있게 살아가는 데 도움을 줍니다. 물론 약점도 있죠. 그러나 약점보다는 강점에 집중합니다. 부족한 것이 있으면 넘치는 것도 있기 마련입니다.

당신에게는 어떤 강점이 있나요? '진정한 나'라고 느끼게 해줬던 경험들, 내 삶을 의미 있고 행복하게 만들어주는 것들을 생각해 보세요. 그것이 당신의 강점입니다. '나는 왜 이럴까?', '다른 사람들에 비해서 난 왜 이런 부분이 부족할까?' 하는 생각들로 흘려보내기에는 시간이 너무 아깝습니다.

인간은 지향이 있는 한 방황한다.

- 요한 볼프강 폰 괴테 -

똥을 밟더라도

똥을 밟았다면 이제 잘 될 일만 남았습니다

누구에게나 힘든 순간이 있습니다. 살다 보면 자존감이 바닥을 칠 때도 있고, 어려운 상황 속에 정말 똥 밟은 것 같은 그런 기분이 들 때도 있습니다. 그러나 바닥이 바닥인 이유는 더 이상 내려갈 곳이 없기 때문이겠죠. 바닥을 경험한 뒤에는 큰 성장과 변화가 찾아옵니다. 어려운 상황 속에서도 여전히 희망적일 수 있는 이유입니다. 저는 폭풍과도 같은 방황을 했던 25년 전 고등학교 1학년 때 그런 경험이 있습니다.

시골에서 공부를 좀 한다고 생각했던 저는 근처 도시에 있는 전국 최상위 고등학교에 지원했습니다. 당시 지원자 미달 사태 덕분에 자동으로 합격하게 되었고요. 그리고 곧 깨달았죠. 세상은 넓고, 우물 안의 개구리가 있고, 그 개구리가 바로 저라는 것을 말입니다. 성적은 최하위권으로 순식간에 떨어졌습니다. 도시의 명문 고등학교로 유학 온 저는 반 평균을 심하게 깎아먹는 학생으로 선생님께 혼나기 시작했습니다. 그렇게 한 달 두 달 지나가며 그간 칭찬으로 잘 다져진 제 자존감에도 금이 가기 시작했습니다.

처음 경험하는 어려움에 당황했던 저는 현실 도피를 선택했습니다. 어린 시절부터 늘 반에서 1등만 해오던, 시골교회 인심 좋은 목사님의 모범생 아들이었던 제 손에는 어느 날부턴가 펜 대신 술병이 들려 있었습니다. 학교까지 먼 거리를 버스로 통학했던 저는 부모님께 친구 집에서 공부한다는 구실을 대고 외박했습니다. 술을 마신 다음 날은 하루 종일 책상에 엎어져 잠만 자곤 했죠. 빠른 속도로 망가져 가는 제 모습을 보면서 두려웠고, 그럼에도 정신을 못 차리고 있는 제 자신에 대한 실망과 불신으로 방황의 날은 몇 개월간 계속되었습니다. 부모님 얼굴에 제대로 똥칠을 하고 다녔지요.

어느 날, 중학교 때 친구들과 술을 마시고 다음 날 느지막이 깨어났습니다. 전날의 기억도 나지 않고 여기가 어디인지 왜 여기서 잤는지도 모르는 그런 상황에 기분이 나빴습니다. 쓰린 배를 달래며 그 집을 나서려는데 신발 한 짝이 보이질 않았습니다. 신발을 찾으러 근처를 돌아다니다 보니 똥이 잔뜩 묻은 신발 한 짝이 길 가 도랑에 처박혀 있는 것을 발견했습니다. 헛웃음이 나왔습니다. 햇살 좋은 토요일, 제 처지와 마찬가지로 진흙탕에 처박힌 그 신발 옆에 그대로 드러누워 버렸습니다. 그리곤 생각했습니다, 여기가 제 인생의 바닥이라고.

　그로부터 얼마 뒤, 비록 하루 만에 끝나긴 했지만 자퇴를 결심했고 가출했습니다. 그리고 가출한 저를 찾으러 오신 어머니께서 몰래 눈물을 닦으시는 모습을 보았습니다. 마음이 아팠습니다. 바닥을 경험해 보니 더는 거기에 있고 싶지 않았습니다. 그래도 마지막까지 믿어주시는 부모님을 위해 한 번 더 힘을 내봤습니다. 그리고 일어섰죠.

　다시 일어서고 나서야 그동안 제 가치를 바닥에 던져버린 건 다른 누구도 아닌 제 자신이었음을 알게 되었습니다. 자신의 가치는 스스로가 부여하는 것이죠. 나라는 존재는 성적과 등수 같은 것들에 의해 가치가 매겨지는 그런 단순한 존재가 아니라는 것을 이해하게 되었습니다. 조건 없이 나를 나로서 바라봐 줄 때 비로소 흔들리지 않는다는 것을 한 번 크게 흔들린 뒤에야 비로소 알게 되었습니다.

어려움을 이겨내면 반드시 성장이 뒤따른다는 믿음도 생겼습니다. 외상 후 성장post-traumatic growth이라고 하죠. 어려움을 이겨내고 다시 일어난 제 자신에 대해 확신이 생기더군요. 그리고 그 확신은 이후에 찾아온 더 큰 어려움들에도 흔들리지 않고 헤쳐나갈 수 있는 용기를 가져다주었습니다. 비록 바닥을 경험하는 것은 고통스러웠지만, 그럼에도 불구하고 그 상황을 이겨냈기에 적어도 방황의 결말에 있어서만큼은 값진 성공이라 할 수 있습니다.

이처럼 삶은 우리에게 더 좋은 것을 주기 위해 우리를 어려움 속으로 몰아넣고 우리의 반응을 시험합니다. 혹시나 지금 어려움을 겪고 있나요? 그 어려움을 극복해 낸 미래의 당신이 현재의 당신에게 고마워하고 있을지도 모릅니다. 용기 있는 당신의 모습에 박수를 쳐주고 있을 테고요. 깎이고 넘어지고 깨지는 훈련을 통해서 내가 나로서 살아갈 수 있게 됩니다.

그러니 똥을 밟았다고 해서 울고 욕하고 원망하고 마냥 주저앉아 있지 않아도 됩니다. 그것이 바닥이라면 앞으로 잘 될 일만 남았을 테니까요. 당신이 밟은 그 똥은 성장을 위한 훌륭한 거름이 되어 줄 것이고, 당신이 주저앉아 있는 그 바닥은 성장을 위한 든든한 발판이 되어 줄 겁니다. 그 정도면 꽤 희망적인 것 아닌가요?

다시 힘껏 뛰어오르세요, 바닥이 보이지 않을 만큼 높이.

정답은 없어도 오답은 있습니다

돌이켜보면, 고등학교 시절 방황하던 당시에 상

황이 더 안 좋은 쪽으로 흘러갔을 수도 있습니다. 헬멧 없이 무면허로 오토바이를 탄 적도 있고, 다른 학교 학생들과 시비가 붙기도 했습니다. 지금 생각하면 아찔하죠. '그때 만약…….'라고 생각할 때 우리는 흔히 더 나은 상황을 가정하지만, 더 나쁜 상황도 일어날 수 있었다는 사실을 잘 생각하지 못합니다. 우리가 '그땐 정말 최악이었어'라고 이야기하는 경험에서도 더 깊고 어두운 바닥이 있었을지도 모릅니다. 그러니 최악 너머의 최악, 바닥 아래의 바닥까지 경험하지 않은 것도 감사할 일입니다. 그렇게까지 망가지지 않았던 과거의 자신에게도 고마워할 수 있죠.

물론 더 나은 미래를 얻기 위해서는 후회가 필요합니다. 저는 이것을 건강한 후회라고 부릅니다. 후회가 건강하려면 내가 할 수 있었던 일에 초점이 맞춰져야 하고, 과거에 머무르는 것이 아니라 그때 실수를 통해서 앞으로 어떻게 행동할 수 있을지를 생각하고 다짐하는 과정이 필요합니다. 건강한 후회는 오답노트와 같습니다. 틀린 답을 복기하면서 정답을 알아가죠. 어제는 실수했지만, 내일은 같은 실수를 하지 않게 됩니다. 후회는 정말 괴롭거든요. 어떻게든 피하고 싶은 것이 후회입니다.

사람들은 미래에 또다시 과거의 비슷한 상황을 경험할 거라고 생각할 때, 즉 과거의 잘못을 고칠 기회가 있다고 믿을 때 오히려 더 후회하게 된다는 연구 결과들이 보고됩니다. 재미있지 않나요? 전혀 어울릴 것 같지 않은 후회와 희망이 그렇게 연결됩니다. 내일을 바라는 마음은 같으니까요. 낙관적인 사람들은 미래에 비슷한 상황에 부닥쳤을 때 더 잘 대처하리라는 기대를 합니다. 희망이죠. 만약 누군가가 "후회를 연구하면서 얻은 깨달음을 한 문장으로 말해주세요."라는 질문을 한다면, 저는 '후회는 결국 우리가 바라는 것들, 되고 싶었던 것들, 그리고 그중 몇몇은 앞으로 될 수 있다고 믿는 것들을 모아 놓은 상상 종합 선물세트'라고 답할 것입니다.

건강한 후회만으로는 부족합니다. 후회를 대하는 태도 역시 건강해야 합니다. 후회는 후회니까요. 부족한 과거의 나를 정면으로 바라볼 수 있는 용기가 필요합니다. 그리고 부족한 내 모습을 있는 그대로 수용할 수 있는 관용도 베풀 수 있어야 하죠. 현재의 당신은 과거의 당신보다 더 큰 존재입니다. 그렇지 않다고요? 느껴지지 않는다고 해서 성장하지 않은 것은 아닙니다. 후회되는 과거의 나와 현재의 나 사이에 있는 시간의 크기만큼 마음의 키가 자랐다고 생각해 보면 어떨까요? 랄프 왈도 에머슨은 "일단 보다 큰 아이디어의 차원으로 확장되면, 마음은 원래의 크기로 결코 되돌아오지 않는다"라고 했습니다. 그간의 경험들이 당신을 더 큰 존재로 만들어 주었죠. 적어도 과거의 자신보다는 더 큰 존재로요.

그러니 더 큰 존재가 더 작은 존재를 보듬어 주세요. 잘못한 과거지만 비난하고 외면한다면 이미 박제된 과거에서 허우적댈 뿐입니다. 바꿀 수 없는 과거의 나를 놓아주고 바꿀 수 있는 미래의 나와 손을 잡으세요. 인생에 정답은 없지만 오답은 반드시 있습니다. 고등학교 1학년 때 방황을 마치고 다시 공부하면서 오답노트를 만들었습니다. 오답을 모아 놓으면서 가슴에 새기고 싶은 글귀들도 찾아서 함께 적어 두었습니다. 그때 오답노트에 적어두었던 명언들과 다짐들이 24년이 흐른 지금까지 제가 방향을 잃지 않고 올 수 있도록 도움을 주었습니다.

방황 이후로 고등학교 생활 2년간, 그리고 재수하던 1년간 일기를 썼습니다. 더 큰 후회를 하지 않기 위해서 일상을 기록했고, 반성했고, 무엇이 문제였는지 하나씩 되짚어 보았습니다. 고2 여름방학에는 자전거를 타고 해남 땅끝마을에 다녀왔습니다.

방황했던 제 모습을 반성하며 8월의 뜨거운 햇살 아래 속죄의 페달을 열심히 밟았죠. 900km라는 짧지 않은 거리를 4박 5일 만에 다녀오는 강도 높은 여행을 해냈다는 자신감도 얻었습니다. 작은 성공이지만 '나도 하면 할 수 있다'라는 희망을 키우기에는 충분한 경험이었습니다. 혼자 떠난 자전거 여행이라 사진 한 장 남아 있지 않지만, 제 기억 속 땅끝마을 바다에는 그때 벗어두고 온 저의 방황했던 모습이 남아 있습니다.

자신의 경험을 이야기하기 전에는 모릅니다. 외면하지 말고 과거의 나에게 이야기해 주세요. 후회 속에 갇혀 있는 그 시절의 당신을 구해주세요. 그때는 이해하지 못했던, 이해하기 싫었던 경험들이 지금의 나에게 어떤 의미가 되는지 용기 내서 짚고 넘어가세요. 후회되는 과거를 돌아보지 않는다는 것은 오답노트 없는 삶을 사는 것과 같습니다. 정답을 모를 때는 확실한 오답을 하나씩 줄여 나가면 됩니다.
당신의 오답노트에서 희망을 볼 수 있기를 바랍니다.

똥줄이 타더라도

결과를 받아들이는 마음 선택하기

　문제가 없는 삶은 없죠. 세상에는 내 의지로 되지 않는 일들이 많지만, 적어도 어떤 방식으로 대처할 것인지는 우리가 선택할 수 있습니다. 바닥을 치는 경험이 좌절과 낙담의 정서라면, 똥줄이 타는 마음은 불안과 초조의 정서라고 할 수 있습니다. 미래에 대한 불안, 이것도 피해 갈 수 없는 똥입니다. 특히, 가지고 있던 것들을 잃어버릴 수 있다는 생각이 들 때면 더욱 마음이 어렵습니다. 의지와 상관없이 마음 졸이는 상황이 오면 어떻게 해야 하는 걸까요?

박사 공부를 끝마치기 한 해 전, 첫째 아이가 태어났습니다. 그 후 비록 1년짜리 계약직이지만, 박사 유학을 시작한 지 6년 만에 드디어 보스턴 근처에 있는 대학의 교수가 되었고 경제 활동을 시작하게 되었습니다. 처음 계약할 당시에는 1년 더 연장이 가능해 그 학교에서 2년 동안 근무할 수 있다는 얘기를 들었습니다. 미국 시골 유학생을 따라 한국에서 온 아내는 고생 끝에 우리도 이런 멋진 도시에서 살 수 있게 되었다며 감사하는 마음으로 일상에 적응해 나갔습니다. 한 번씩 근처에 있는 동부의 휴양도시 뉴포트에 들러 랍스터 샌드위치를 한입 베어 물고 부드러운 바닷바람을 맞으면 마음이 그렇게 평온할 수가 없었지요. 구불구불한 시골길을 운전해 들어가면 먹을 수 있는 목장의 아이스크림 맛도 근사했습니다.

그러나 몇 번의 계절이 바뀌고 생활이 안정되어 갈 즈음 상황이 급변하기 시작했습니다. 계약 만료

두 달 전인 3월 말에 학교 상황이 바뀌어 계약 연장이 불가하다는 메일이 온 것입니다. 적잖은 충격이었습니다. 기한 내 다른 직장을 찾지 못하면 계약 만료가 되는 5월 이후에는 이민법상 불법체류가 되기에 짐을 싸서 한국으로 돌아가야 하는 상황이었습니다.

메일을 받은 다음 날, 아내에게 빅뉴스를 전하기도 전에 또 다른 소식을 접했습니다. 아내가 환하게 웃으며 두 줄이 새겨진 임신테스트기를 보여주었던 것이지요. 우리 부부는 10개월 뒤면 태어날 둘째 아이에 대해 이야기를 나누었습니다. 한 명은 한껏 부푼 마음으로, 다른 한 명은 한없이 복잡한 마음으로.

마냥 긍정적인 제 삶이 너무 쉬워 보였던 걸까요? 인생이 삶의 난이도를 급격히 올려놓는 것만 같았습니다. '두 살배기 아이와 올해 태어날 갓난쟁이 아이. 애들과 어디서 뭘 먹고살지?' 그날부터 미국

전역뿐 아니라 일본, 두바이 등 전 세계 심리학과 교수 채용 공고를 알아보기 시작했습니다. 수십 군데 지원서를 넣었죠. 그중 몇 군데에서 전화 인터뷰를 하고 캠퍼스에 방문해 면접을 보고, 그러는 동안 두 달이라는 시간이 무섭게 지나가고 있었습니다. 이제는 운전면허증도 갱신이 되지 않아 곧 발이 묶이는 막다른 골목으로 내몰리고 있었습니다. 조여 오는 현실의 압박에 마음의 여유가 사라지자, 똥줄이 타고 입술마저 바짝 타들어 갔습니다. 기도가 저절로 나왔죠.

따뜻했던 어느 봄날, 출근하는 차 안에서 운전대를 꼭 붙잡고 눈물을 흘리며 제발 지원한 대학에 합격하게 해 달라는 기도를 했습니다. 그런데 퇴근하는 길에는 문득 그렇게 울며 기도를 한 제가 참 어리석다는 생각이 들었습니다. 평소 주변 사람들에게 '어찌할 수 없는 것 같은 문제를 만났을 때는 뒤로 한 발짝 물러나 제 삼자의 눈으로 상황을 바라보라'라고 조언해 왔지만, 정작 제 문제에 대해서는 평정심을 잃고 허우적대고 있었네요. 정신을 차리고 한 발짝 물러나 상황을 바라보니, 합격하게 해 달라는 제 기도가 틀렸다는 것을 알게 되었습니다. 제가 해야 했던 기도는 제가 할 수 있는 부분을 잘 해내면서도 이 모든 상황을 받아들일 수 있는 마음을 구하는 기도였습니다.

기도를 바꾼 이후로 여유를 되찾았고, 입덧이 한창이던 아내와 함께 미국에서의 마지막 일상이 될지도 모를 날들을 겸허한 마음으로 지냈습니다. 제가 할 수 있는 것들을 다 했기에, 기다림만이 필요했던 시간이었습니다. 기도를 바꾸지 않았다면 아마도 결과가 나오는 순간까지도 마음을 졸이고 있었겠지요. 그리고 만약 원치 않는 결과가 나왔다면 삶과 신을 원망하는 마음이 들었을지도 모르겠습니다. 그때의 간절했던 마음, 캄캄한 어둠 속에서 사라졌던 여유를 되찾아준 작은 단서, 그리고 그 후 찾아온 평온함은 마음의 여유가 사라졌을 때 어떻게 마음을 다잡아야 할지를 가르쳐 주었습니다.

똥줄이 탈 때는 시야가 좁아집니다. 눈앞의 문제가, 그리고 곧 벌어질 결과가 전부인 것처럼 다가오지요. 그러니 의식적으로 눈을 더 크게 떠야 합니다. 눈을 부릅뜨고 마음속에 선을 하나 그어봅니다. 선의 한쪽에는 내가 할 수 있는 것을, 다른 한쪽에는 내가 할 수 없는 것을 적어 넣다 보면 어느새 마음에 여유를 되찾게 됩니다. 내가 할 수 있는 것들에 이미 최선을 다했다면 내가 할 수 없는 것들에 대해서는 마음을 비울 수 있습니다. 종종 우리의 의지와 상관없이 어떤 결과든 받아들일 수밖에 없는 야속하고 치사한 것이 인생이지만, 적어도 결과를 받아들이는 마음만큼은 우리가 선택할 수 있습니다.

적어도 기회를 불러볼 수는 있습니다

> 현명한 사람은 자신에게 주어진 기회보다
> 더 많은 기회를 만들어낸다.
> -프란시스 베이컨

통제할 수 없는 것들이 가득한 인생이지만, 적어도 기회를 불러볼 수는 있습니다. '저 사람은 뭘 해도 되는구나' 하는 사람들이 종종 있습니다. 정말 아무것도 한 것이 없는 것 같은데 우연히 좋은 기회를 만나 인생을 쉽게 사는 것처럼 보이는 사람이 있죠. 기회가 알아서 찾아오는 그런 선택받은 사람이 정말로 있는 걸까요?

대개 잘 풀리는 사람들에게는 공통점이 있습니다. 바로 기회를 만들어낼 수 있다고 믿는 것이지요. 이들에게 실제로 기회가 있느냐 없느냐는 문제가 되지 않습니다. 왜냐하면, 기회를 만들어낼 수 있다고 믿는 사람은 그 기회를 불러오는 생각과 행동을 취하고 그 결과로 기회를 만들어내기 때문입니다.

마인드셋 열풍을 불러일으킨 사회심리학자 캐럴 드웩Carol Dweck의 연구에 의하면, 기회에 대해서 고정 마인드셋을 가진 사람이 있는가 하면 변화 마인드셋을 가진 사람이 있다고 합니다. 즉, 노력하면 기회를 만들어낼 수 있다고 믿는 사람이 있고 기회는 정해져 있는 것으로 자신이 어찌할 수 없다고 믿는 사람이 있습니다. 한 연구에서 실제로 직장을 잃고 구직활동 중인 사람들을 봤더니, 기회를 스스로 만들어낼 수 있다고 생각하는 성장 마인드셋을 가진 사람들이 기회는 고정된 것이라고 믿는 사람들에 비해서 5개월 뒤 실제 취업 성공률이 더 높았다고 합니다. 이유를 들여다보니, 기회를 만들어낼 수 있다고 믿은 사람들은 구직과 관련해 자기계발을 위한 전략적 생각과 행동을 더 많이 그리고 더 자주 했다고 하네요. 실직 후 구직 활동을 시작하기까지 걸린 시간도 더 짧았습니다. 즉, 스스로 기회를 만들어 낸 것입니다.

눈앞의 기회를 놓치는 것이 아닌가 하는 생각에 똥줄이 타죠. 그러나 관련된 연구들을 살펴보면, 우리 모두 기회가 찾아오는 선택받은 사람이 될 수 있다는 희망적인 결론을 내릴 수 있습니다. 정말 다행이지 않은가요? 당신도 기회가 찾아오는 사람이 되기를 선택하시면 좋겠습니다. 반드시 기회가 또 찾아옵니다. 아니, 당신이 기회를 만들어낼 겁니다.

20년 후 당신은, 했던 일보다

하지 않았던 일로 인해 더 실망할 것이다.

그러므로 닻줄을 던져라. 안전한 항구를 떠나 항해

하라. 당신의 닻에 무역풍을 가득 담아라. 탐험하라.

꿈꾸라. 그리고 발견하라.

-마크 트웨인-

똥을 싸도 괜찮습니다

실패가 아니라 시도라고 말해주세요

고등학교 수학여행에서 장기자랑 시간에 노래 밴드가 나왔습니다. 시작 전 무대 장치 준비가 오래 걸리는가 싶더니 보컬을 맡은 친구가 유쾌하지만 아쉬운 목소리로 말했습니다.

"여러분, 쌌어요!"

당시에 일렉 기타 줄이 끊어졌던 것인지 음향에 문제가 있었는지 정확하게 기억이 나지는 않지만, 그 친구가 했던 표현이 처음 들었던 표현이라 강하게 기억에 남았습니다. 공연을 망쳤다는 의미로 똥을 쌌다고 한 것이었죠. 제 눈에는 무대 위에서 똥을 쌌다고 솔직하게 말하는 동갑내기 친구가 멋지게 보였습니다.

새로운 일을 시작하기 전에 '똥을 싸면 어떡하지?'와 같은 실패에 대한 두려움을 느끼는 것은 당연한 반응입니다. 최악의 상황이 올지도 모른다고 생각하면 앞으로 발을 내딛기 어렵죠. 그러나 잘 생각해 보면 당신이 걱정했던 많은 일들은 실제로 일어나지 않는 경우가 많습니다. 우리를 자유롭게 해주는 상상력이 오히려 우리를 가두는 셈이죠. 똥을 싸더라도 최악은 오지 않습니다. 자주 그리고 빠르게 실패할수록 성장의 속도는 빨라집니다.

박사 과정 3년 차에 접어들면서 처음으로 대학 강단에 섰습니다. 하루 종일 준비해서 수업에 들어갔죠. 영어를 좋아하고 자신이 있었지만 실제 현장에서는 어버버 하는 상황이 종종 나왔습니다. 교과서 지문과 아나운서가 이야기하는 미국 백인 억양으로 영어를 배운 탓에, 다른 인종, 특히 흑인 학생들이 말하는 내용은 잘 알아듣지 못했습니다. 첫 학기의 강의평가는 솔직했습니다. '나는 이 사람이 어떻게 교수가 되었는지 모르겠다', '내가 만난 최악의 교수다'와 같이 직접적으로 '똥을 싸고 있네'라고 하지는 않았지만 그와 비슷한 느낌의 피드백이 더러 있었습니다. 정말 열심히 준비했는데 그렇게까지 최악이었나 싶었죠. 다행히 최악의 교수라는 피드백이 있었던 같은 수업에서 '내가 만난 최고의 교수'라고 적은 학생도 있었기에, '모든 학생을 만족시키지는 못하더라도, 최대한 많은 학생들이 만족할 수 있는 수업을 해야겠다' 하고 넘어갔던 기억이 납니다.

그렇게 한 학기, 두 학기 강의를 해나가다 보니 차츰 강의가 괜찮아졌고 박사 졸업을 하던 해에는 학생들이 뽑은 최우수 강의상 최종 후보에까지 오를 수 있었습니다. 비록 마지막에 상은 타지 못했지만, '나도 할 수 있다'는 자신감을 얻는 소중한 경험이었죠. 부정적인 피드백을 실패라고 생각했다면 이후 강의들에서 점점 자신감을 잃었을 것입니다. 나아질 수 있다는 믿음이 있었기에, 새로운 학기에 더 나은 강의를 시도할 수 있었습니다.

실패가 아니라 시도라고 생각한 사람들은 셀 수 없이 많습니다. 어린 시절 읽었던 위인전 속의 발명왕 토마스 에디슨Thomas Edison이 떠오릅니다. 수많은 실패에도 끝내 새로운 무언가를 발명해냈던 그는 실패할 때마다 '실패가 아니라 효과적이지 않은 만 가지의 방법을 알아냈을 뿐'이라는 마음으로 도전했습니다. 요즘같이 기회의 문이 닫혀 가고 희망이 사라진 시대에 노력과 희망은 시대착오적이라고 얘기할지 모르겠습니다. 그렇지 않습니다. 인간은 전쟁

중에도, 수용소에 갇혀서 혹사당할 때도, 그리고 죽음이 임박한 순간까지도 희망을 버리지 않았습니다. 어떤 시대에도 노력이 인간을 배신한 적은 단 한 번도 없습니다.

실패가 아니라 시도라는 사실은 에디슨 같은 특별해 보이는 사람들만 아는 비밀이 아닙니다. 우리도 실패를 통해서 성장한다는 사실을 경험적으로 알고 있죠. 당장 눈앞에 그려지는 무시무시한 미래에 주의를 빼앗겨 그 단순한 사실을 잊어버리는 것뿐입니다. 그러니 오해하지 않도록, "이번 시도가 좋았어. 다시 한번 해보자."라고 자신에게 이야기해 주세요.

하지 않는 것보다 훨씬 낫습니다

　　이 똥글을 보세요. 처음에는 주변에서 완곡히 말렸습니다. 하고많은 이야기들 중에 굳이 똥 이야기로 책을 써야겠냐는 의견이 많았습니다. 하지만 똥 너머에 있는 우리의 삶에 관한 이야기라면 공감할 수 있을 거라 생각했습니다. 삶에 대해 이야기하기에 똥 이야기만 한 소재가 없지요. 사람들이 "아, 그 이상한 똥 교수"라고 얘기할지도 모르겠습니다. 그런 평가가 제 인생에 그다지 도움이 되지 않을 거라는 걸 알기 때문에 개의치 않습니다. 누군가 '똥을 싸고 있네'라고 무시하더라도 어떻게 안 되더라고요.

오래전 한 청년이 자기 집 차고에서 책을 판매하기 시작했습니다. 그런 그를 보며 누군가는 '저게 될까?' 의심했겠죠. 최근 방문했던 서점 평대에 그 청년에 관한 책이 청소년 권장도서로 놓여 있는 것을 봤습니다. 청년의 이름은 아마존 창업자 제프 베이조스입니다. 앞으로 어떤 일들이 펼쳐질지 우리는 알 수 없기에 다른 사람의 도전을 감히 비웃을 수 없습니다.

저는 이렇게라도 시작하는 것이 인생의 역작을 내려다가 아예 책을 못 내는 것보다 훨씬 낫다고 생각합니다. 똥 이야기 몇 개 끄적거려서 모으면 책이 되는 것인 줄 알았는데, 글을 쓰고 책을 만들어보니 배우는 것이 많습니다. 시도하지 않았다면 몰랐을 내용들이죠. 인생 망작들이 있어줘야 비로소 역작이 등장합니다. 그러니 일단 중요하게 생각하는 일, 그리고 그 일을 위해 지금 해야 하는 일을 그냥 하면 됩니다. 그것이 꿈에 다가가는 가장 정직하고 빠른 방법이 아닐까요?

저는 훗날 좋은 작가가 되어 있을 겁니다. 어떻게 아냐고요? 3년 뒤, 5년 뒤 제 미래를 상상해 봤거든요. 제가 봤던 미래에 저는 꽤 괜찮은 글을 쓰는 작가가 되어 있었어요. 미래의 저는 "그때 이 책을 쓰기로 하지 않았다면 아직도 '언젠가는 책을 쓰고 싶어'라는 생각만 계속했을 것 같아요."라고 이야기합니다. 이 어설픈 첫걸음이 내일로 향하는 길이라면 오늘의 창피함은 기꺼이 제가 감당하고 미래의 영광은 내일의 저에게 선물로 주는 선택을 하겠습니다. 당신에게도 원하는 모습들이 있을 거예요. 어떤 내일을 미래의 당신에게 선물하고 싶으신가요? 생각만으로도 설레는 그런 미래가 오늘의 당신에게 이렇게 이야기합니다.

"똥을 싸도 괜찮으니까, 일단 해봐. 시간이 지나고 나니까 그때 왜 머뭇거렸는지 하나도 기억이 안 나더라고. 하고 싶은 거 있으면 잘 못해도 괜찮으니까 지금 해봐."

희망의 단서, 만약

>이루어질 꿈도 이루어지지 않을 꿈만큼 불확실할 수 있다.
>-브렛 버틀러

꿈을 좇다 보면 '이렇게 열심히 했는데 잘 안되면 어떡하지? 내가 이걸 계속하는 게 정말 맞는 걸까? 계속 이렇게 똥만 싸다가 끝나는 건 아닐까?'라는 불확실성이 만들어내는 막연한 불안감과 의심이 엄습해 옵니다. 그 방해공작을 이겨내면서 목표를 향한 노력을 지속하기 위해서는 강한 의지와 용기가 필요합니다. 의지와 용기란 작디작은 가능성에서 발견한 희망의 끈을 놓지 않는 질긴 마음입니다.

신혼여행을 다녀온 지 얼마 지나지 않아 박사 3년 차를 맞았습니다. 개강 첫 연구미팅에서 지도교수님이 뜻하지 않게 제 미래에 대한 구체적인 확률을 제시해 주셨습니다.

"축하하네. 좋을 때구먼. 그럼 앞으로 계획은?"

"2015년엔 졸업하고 미국 대학에 자리를 잡을 생각입니다."

"음... 솔직히 말해서 자네가 교수가 될 확률은 0.001%라네."

"0.001%면 상당히 낮은데요. 0.1%도 아니고 0.001%라고요?"

"그래, 딱 0.001%. 내 말은, '만약' 자네가 지금 상태에서 아무런 변화가 없다면 그 정도쯤 된다는 말일세. 어디까지나 조건부야. 지금 당장 뭔가 변하거나 목표를 수정해야 할 걸세."

지도교수님의 연구실 문을 나서며 머릿속이 복잡해졌습니다. 지난 2년간 열심히 해왔다고 생각했는데 이대로는 어림없다고 하니 마음이 편치 않았습니다. 그나저나 결혼 축하 덕담치고는 너무 낮은 확률이네요. 0.001%는 10만 분의 1의 확률입니다.

　　그 당시는 논문에 쓸 수 있는 결과가 잘 나오지 않던 시기였습니다. 처음에는 자신감도 있었고 심리학의 선두주자인 미국에서 공부한 뒤 심리학계에서 영향력 있는 학자가 되겠다는 원대한 꿈도 갖고 있었습니다. 그날 이후 박사 3년 차 4년 차에 접어들면서 부담감이 커졌습니다. 연구 결과를 바탕으로 논문을 써가면 지도교수님으로부터 반려당하기 일쑤였습니다. 예전만큼 연구에서 즐거움을 느끼지 못하는 제 자신을 보면서 잡생각이 슬슬 생겨나기 시작했습니다. 시간이 흘러 박사 5년 차가 되었고, 몇 년간 스스로 공부하는 그 길고도 기약 없는 박사과정을 지나면서 저처럼 긍정적인 사람에게도 자기 의심의 날이 기어이 찾아왔습니다. '이대로 정말 괜찮을까?', '나보다 훨씬 똑똑하고 연구 잘하는 사람이 이렇게나 많은데, 나 같은 사람이 박사가 되어도 되나?' 하는 못난 생각이 들었죠.

자신감을 잃자, 저를 믿고 온 아내와 가을이면 태어날 아이에게도 미안했습니다. 제 안에서 자기 의심과 의지 간 팽팽한 싸움이 한동안 지속됐습니다. 아내와 곧 태어날 아이가 삶의 무게를 더해주는 동시에 삶의 의지를 불태우게 해 주더군요. '나는 여전히 소중한 사람이다'라는 깊은 내면의 목소리에 귀를 기울였습니다. '넌 할 수 없어'라고 떠드는 자기기만의 목소리를 떨쳐버리려 노력했고요. 이 시기는 멀리 보면 성장을 위해 지나는 과정이라는 결론에 도달했습니다. 신앙의 힘도 컸습니다. 신이라는 절대자의 계획에 포함된 것이라 생각하니 불안해할 이유를 더 이상 찾을 수 없었습니다. "그래, 할 수 있다!"를 외치며 지금 들어와 있는 이 인생의 터널을 통과하고야 말리라 다짐하면서 박사과정 중 바닥을 쳤던 자존감을 회복할 수 있었죠.

미국에 4년제 대학만 2800개가 넘습니다. 그중 어딘가 제 자리가 반드시 있을 것이라는 생각을 했습니다. 결국 지도교수님이 제시한 그 10만 분의 1의 확률로 교수가 되었죠. 물론 매우 과장된 확률입니다. 해냈다는 성취감을 더 크게 느끼게 해줬죠.

지금도 감사하게 생각하는 것은, '만약 자네가 변하지 않는다면'이라는 조건을 붙여줬다는 것입니다. 그때 그 '만약'이라는 단서가 없었다면 희망의 끈을 잡고 있기가 더 고통스러웠을지도 모르겠습니다.

긴 시간 동안 학생으로 지내면서 배운 것이 있습니다. 아주 작은 희망이라도 발견하려면 눈을 크게 떠야 한다는 것입니다. 어둡고 무섭지만 그것을 향해 나아갈 용기를 가져야 한다는 것도요. 언제나 자신과의 싸움이고 쉽지 않은 과정입니다. 현재의 나보다 더 나은 내가 되는 과정이기 때문에 어렵게 느껴지는 것이 당연하겠지요. 목표를 세우고 목표에 도달한다는 것은 그런 것입니다. 비록 불안과 의심의 장애물이 수없이 펼쳐져 있지만, 그럼에도 불구하고 그 장애물 속으로 뛰어들 수 있는 용기가 필요합니다. 빛나는 목표가 장애물 너머에서 나를 부르고 있는 한, 기어이 그곳으로 가야겠죠. 눈을 크게 뜨고 희망의 단서를 잘 찾아보기 바랍니다.

희망고문이 낫습니다

누군가가 얘기하는 '성공 확률이 높다', '성공 확률이 낮다'라는 표현은 모호하고 주관적입니다. 주위를 둘러보면 확률과는 별개로 누군가는 끝까지 도전하고, 누군가는 포기합니다. 도전을 거듭한 사람들 중 더러는 원했던 목표를 달성하고, 더러는 끝끝내 목표에 도달하지 못합니다. 중요한 건, 시간이 흘러 지나 온 날들을 되돌아봤을 때 '내가 정말 원하는 것, 내게 의미 있는 것을 위해 진심으로 노력했는가?',

'나는 내 삶에 대해 간절했는가?'라는 스스로의 물음에 답해야 하는 순간들이 찾아온다는 것입니다. 그리고 희망이란, 그 질문들에 자신 있게 답할 수 있게 해주는 삶의 간절함이며, 의지와 용기로 한 발짝 나아갈 수 있도록 해주는 저만치에서 빛나고 있는 이정표입니다.

드라마를 보면 답답한 고구마 상황이 등장하죠. 주인공들끼리 간발의 차이로 만나지 못해 문제가 꼬이고 사건이 복잡해집니다. 시청자들은 바랍니다, '단 한 번만 더 시도했더라면……'

우리 인생은 어떤가요? 마지막 단계에 뭔가를 놓아두고 인생은 우리에게 이야기합니다. "여기 너가 원하는 것이 있어, 가져가." 문제는 이게 마지막인지 아닌지 알 방법이 없다는 것이죠. 시도하기를 멈추는 곳이 마지막이 됩니다. 희망은 그 마지막을

딱 한번 더 하게 해줍니다. 희망이란, 이제는 정말 포기하고 싶을 때에도 단 한 번을 더 해내는 힘입니다.

희망고문이라고요? 맞습니다. 헛된 희망은 앞서 이야기했던 나에게 맞지 않는 의미의 옷과 같이 삶을 좀먹습니다. 그러나 헛된 희망이 아니라면요? 헛된 희망인지 아닌지 알아보는 방법은 간단합니다. 결과가 나쁘게 나왔을 때에도 여전히 현재의 나와 미래의 나에게 의미 있는 일이라는 느낌이 드는지 생각해 보면 됩니다. 실패했어도 다시 도전할 만큼 당신에게 중요한 일이라면, 희망을 가지고 다시 한 번 시도해도 인생을 망치지 않습니다. 그런 일이라면 태도를 남길 테니까요.

고통을 주는 것을 고문이라고 한다면, 인생 자체가 고문입니다. 희망고문은 즐거운 고문이지요. 희망이 없으면 죽어 있는 것과 마찬가지입니다. 그러니 차악으로라도 우리는 희망할 수밖에 없습니다. 낙관적인 사람들이 더 건강하고 성취도 좋고 삶의 만족도도 높고 수명도 더 길다고 하죠. 백 번 양보해도 희망고문이 낫습니다.

그 누구도 완벽하지 않으니까

불안은 당연한 반응입니다

일본에 여행을 갔을 때 공중 화장실에서 음악 표시가 있는 재미있는 버튼을 하나 발견했습니다. '화장실에서 음악을 들을 수 있게 해 놓은 건가?' 궁금해하며 버튼을 눌렀죠. 기대와는 달리 제가 사용하고 있던 변기에서 음질이 좋지 않은 멜로디가 흘러나왔습니다. 서로의 똥 싸는 소리가 들리지 않게 해주는 장치였던 것이죠.

우리는 다른 사람들에게 자신의 약점을 들킬까 불안해합니다. 특히 이런 현상은 가방끈이 좀 긴, 배운 사람들이나 사회적으로 알려진 사람들에게서 자주 나타납니다. 사회적인 기대가 있는데 그 기준에 맞추지 못할까 불안하죠. 평가하는 사람들의 눈이 많아질수록 잘 해야 한다는 부담이 커집니다. 팀장이니까, 엄마니까, 대선배니까 등, 여러 사회적 기대는 부담이 됩니다.

노출되고 평가받는 상황, 새로운 것, 내가 잘 모르는 것, 잘 못하는 것에 대해 두려움을 느끼는 것은 당연한 반응입니다. 앞서 부정성 편향을 이야기했죠. 우리 뇌는 부정적인 정보에 즉각적으로 반응합니다. 생존을 위해 꼭 필요했기에, 오래전부터 잘 갖춰온 경보 시스템이에요. 어느 정도의 불안은 누구에게나 있습니다. 다들 안 무서운 척, 괜찮은 척하는 거예요. 그러니 '나는 왜 이렇게 용기가 없을까?' 자책하며 불안해하는 자신의 모습에 너무 속상해하지 않아도 됩니다. 잘 쌓아 올린 자존감도 끊임없이 흔들립니다. 바람이 부는데 별 수 있나요. '나는 자존감이 너무 낮아'라며 슬퍼 말고, 무너진 돌탑을 다시 하나씩 쌓아 가면 됩니다.

화장실 옆 칸에 사람이 있으면 똥이 잘 안 나오는 게 정상입니다. 미국 화장실은 한국 화장실과 다르게 칸막이 아래 사람이 드나들 수 있을 만큼 개방되어 있습니다. 안전 이유이겠지만, 처음에는 적응이 안 됐죠. 푸드득 푸드득 비둘기를 날려대기가 쉽지 않습니다. 그래도 볼일은 봐야 하니 어쩔 수 없습니다. 옆 칸에 앉은 사람이라고 옆에 누가 있는데 비둘기를 날리고 싶겠습니까? 급똥이라 그랬겠죠. 그러니 이왕이면 신경 쓰지 말고 즐똥 하면 좋겠습니다.

다른 사람들도 다 똑같습니다

미국 생활에 적응되고 나니 한국의 목욕탕 문화가 어색해졌습니다. 코로나를 지나면서 더더욱 목욕탕에 가지 않으니 모르는 사람들 사이에서 서로 알몸으로 돌아다닌다는 게 불편합니다. 가족여행을 갔다가 수영을 마치고 아들과 목욕탕에 들어갔습니다. 오랜만에 그런 겉치레 없는 광경을 목격하니 만인은 평등하다는 것을 새삼 느낄 수 있었지요. 그 누구도 완벽할 수 없으니까, 남들도 다 똑같으니까, 대단한 사람 앞이라도 주눅들 필요도 없고 완벽한 사람이 되려고 너무 스트레스받지 않아도 됩니다. 똥을 싸는 우리는 결코 완벽해질 수 없습니다.

두려움을 극복하는 법을 두 가지로 생각해 볼 수 있습니다. 우선, '난 할 수 있다'는 희망감을 높이는 방법이 있습니다. 두려움을 극복하는 용기를 갖는 것이죠. 아니면 두려움을 느끼는 대상을 작게 만들 수 있습니다. 왜 두려움을 느끼는지 나를 불안하게 만드는 것이 무엇인지 구체적인 대상을 파악하는 겁니다. 그 뒤 대상을 축소시키면 되죠. '별것 아니다'라고 생각하면 정말 아무렇지 않게 되는 경우가 많습니다. 대통령이라고, 재벌이라고, 유명한 연예인이라고 다르지 않습니다. 목욕탕에서 만날 일이야 없겠지만, 다들 매일 똥을 싸는 인간일 뿐입니다. 당신도 그들도 완벽하지 않습니다. 모두가 똑같이 가치 있는 존재이기도 하고요.

사람들의 평가가 신경 쓰인다면, 다른 사람이 앞에 나와서 말을 하거나 무언가를 할 때 어떤 생각들을 했는지 떠올려 보세요. 잘 생각이 안 나시죠? 다른 사람들도 마찬가지입니다. 사람들은 기본적으로 당신이 뭘 하든 크게 관심이 없고, 집중력 또한 굉장히 낮습니다. 다른 생각을 하느라 바쁘죠. 긴장한 채 침을 꿀꺽 삼키는 소리는 나에게만 천둥소리로 들릴 뿐입니다. 그러니 그냥 눈 질끈 감고 '한 번만 해보자!' 하는 마음으로 시도해 보세요. 비둘기를 마음껏 날려도 됩니다. 그러려고 화장실에 간 거잖아요?

이루고 싶은 것이 있다면 똥을 싸더라도 괜찮습니다. 남들의 평가가 무서워 똥을 참지 마세요. 똥을 쌀 때마다, 실패를 할 때마다 꿈에 한 발짝씩 다가가는 중입니다. 단 한 번의 용기만 있으면 충분합니다.

III.

이왕이면
/ 방향을 정해 보세요

우리 세대의 가장 위대한 발견은

인간이 자신의 마음 자세를 바꿈으로써

삶을 바꿀 수 있다는 사실을

발견한 것이다.

- 윌리엄 제임스 -

일상 너머의 것을 바라는 마음

더 이상 냄새가 나지 않을 때

어린 시절, 동네 길을 따라 자연농원(현재의 에버랜드)까지 걸어가다 보면 길 양쪽으로 돼지 축사들이 모여 있는 곳이 나옵니다. 돼지 똥 냄새가 얼마나 지독한지 코를 막고 입으로 숨을 쉬어야 할 정도였죠. 그런데 조금 걷다 보면 후각이 마비되어 코를 막지 않고도 참을 정도가 되었습니다. 감각순응이라는 현상입니다. 이런 적응 과정이 없다면 우리의 삶은 계속된 고통으로 정말 힘들어질 겁니다. 감각순응은 우리가 살아가는 환경에서 변화가 없는 부분은 적당히 무시하고 중요한 변화에 빠르게 대응할 수 있도록 도와줍니다. 이처럼 우리는 감각세포 수준에서조차 변화에 최적화된 탁월한 적응자입니다.

뛰어난 적응 능력이 행복을 느끼는 데는 방해가 되기도 합니다. 행복을 연구하는 심리학자들이 쾌락 적응이라고 부르는 현상이 있습니다. 복권에 당첨되는 기분 좋은 상상, 한 번쯤 해보셨죠? 아쉽게도 복권 당첨으로 인한 행복감은 1년 정도만 지나면 사라져 버린다고 합니다. 좋은 자동차와 집, 여행 등, 복권 당첨으로 경험했던 큰 변화들이 어느 순간부터인가 평범한 일상으로 느껴지게 되기 때문이죠. 설렘과 감사의 마음을 선물해 준 새로운 직장, 승진, 이사와 같은 경험들도 우리가 환경에 완벽히 적응하는 순간, 별다를 것 없는 일상이 되어버립니다. 더 이상 행복과 의미의 냄새가 나지 않을 때, 우리의 마음속에 채워지지 않는 무언가를 찾아 나섭니다. 변화가 시작되는 것이죠.

세상 모든 것이 변합니다. 우리도 변화를 원하고요. 좀 더 정확하게는, 우리는 다양한 욕구를 가진 존재이기 때문에 순간순간의 욕구를 채우고 싶어 합니다. 욕구 위계를 주장한 심리학자 에이브러햄 매슬로Abraham Maslow는 우리 인간은 아주 잠깐을 제외하고는 완벽한 만족 상태에 이를 수 없는 존재로 보았습니다. 앉으면 눕고 싶고, 누우면 자고 싶어지죠. 화장실에 들어갈 때와 나올 때 마음이 달라집니다. 일상 너머의 것을 바라는 마음은 자연스러운 현상입니다.

그러나 우리는 '바라는 마음'을 무조건 희망이라고 부르지는 않습니다. 왜 일상 너머의 것을 바라는지, 바라는 것이 그 사람의 가치를 확인 시켜줄 수 있는 것인지, 그것을 위해 기꺼이 전념할 마음이 있는지를 따져봐야 합니다.

진짜 희망에는 삶의 정수가 담겨 있습니다

쓰레기차 피하려다가 똥차에 치인다는 말이 있죠. 지금이야 진부한 표현이 되었지만, 어릴 때 풀었던 수수께끼에서 '세상에서 가장 운이 나쁜 사람은?'의 답으로 처음 이 표현을 듣고 크게 웃었던 기억이 납니다. 가정에서, 학교에서, 그리고 직장에서 반복적인 일을 하다 보면 '내가 왜 이러고 살고 있지?'라는 회의감이 들죠. 그토록 원했던 아이였지만 육아로 괴로워하고, 합격만 시켜주면 회사를 위해 한 몸 바칠 각오를 했었지만 주말 야근 다음 날 사표 쓸 생각을 하는 것이 우리들입니다. 지금 이 더럽고 치사하고 불만족스러운 현실이 아니라, 언젠가 어딘가에서 행복할 수 있겠다는 생각을 합니다. 파랑새 증후군이라고도 하죠.

자존감을 느끼기 위해서 남을 깎아내릴 필요가 없듯이, 변화의 이유를 찾기 위해서 현재 가진 것에 불만을 가질 필요가 없습니다. 진짜 희망에는 오히려 주어진 것들에 대한 감사가 들어 있습니다. 감사와 희망은 어떤 상황에서든 긍정적인 부분을 발견해 내는 적극적인 삶의 태도라는 점에서 서로 닮아 있죠. 희망하던 것이 이루어지면 감사가 됩니다.

소크라테스는 "지금 가지고 있는 것에 만족하지 못하는 사람은 원하는 것을 얻더라도 만족하지 못한다."라고 말했습니다. 미래에만 희망이 있다면 정작 내일이 왔을 때 만족하지 못합니다. 오늘이 희생되어야 할 테니까요. 진정한 희망은 내가 내일을 찾아가는 것이 아니라 현재에 있는 나에게 내일이 찾아오게끔 하는 것입니다. 희망이라는 감정은 오늘의 내가 느끼는 것이기 때문입니다. 진짜 희망은 현재와 미래 두 시간 모두에 진심일 때 느낄 수 있습니다.

오늘을 잘 살아내기 위해 내일을 바라보고, 내일을 잘 살고 싶어 오늘에 집중하는 마음가짐이지요.

희망의 본질은 아직 다 알지 못하는 자신의 가치를 확인하는 것입니다. 되고 싶은 나, 진정한 나로서 살아가고 싶다는 마음이지요. 삶의 의미를 더해 주는 방향으로 나를 성장시키기 위해 기꺼이 오늘에 전념하는 마음이 진짜 희망입니다. 그러니 새로운 것을 찾지 않고도 희망적일 수 있습니다. 집에서, 직장에서, 사업장에서, 학교에서 지금 하고 있는 일에서 성장이 만들어내는 변화를 경험해 보세요. 진짜 희망에는 삶의 정수가 담겨 있습니다. 모든 감각을 열고 당신의 삶의 정수를 일깨워 줄 희망을 느껴 보세요.

된다고 믿으면 합니다. 하면 되고요.

> 아무도 당신에게 리더 자격증을 발급해주지 않는다.
> 그냥 하면 된다. 거절할 수 있는 사람은 오직 당신뿐이다.
> - 세스 고딘

중학생 때 유독 한 여자아이가 저를 '똥자루'라고 놀리곤 했습니다. 중학교 때도 작은 키에 속했고, 이후로도 키가 급격히 커진 적은 없었어요. 키를 제외한 삶의 거의 모든 요소들이 계속해서 성장할 수 있다는 사실이 얼마나 감사한 일인지 모릅니다. 한국에 돌아와서 달라진 변화 중 하나는 옷을 사는 일이 쉬워졌다는 점입니다. 미국에서와 달리, 한국에서 산 옷들은 정말 입고 싶은 옷이라면 수선을 맡길 수 있어 좋았죠. 늘 아내가 옷을 사고 잘 맞는지 체크해줍니다.

"바지가 좀 기네, 요만큼만 줄이면 되겠다."

무심코 한 말이지만, 어떤 부분이 변화 가능하

다고 여기는지에 따라 '바지가 길다'고 할 수도 있고 '다리가 짧다'고 할 수도 있습니다. 제 다리는 더 이상 자라지 않습니다. 그러니 바꿀 수 있는 바지의 길이에 집중 수밖에 없겠죠. 이런 전략은 문제 해결을 통해 목표에 이르는 아주 좋은 전략입니다. 한편으로는 다리가 짧은 것이 맞는데 다리가 짧다 하지 않고 바지가 길다고 해주는 아내에게 늘 고마움을 느낍니다.

우리는 자신에 대한 오해를 할 때가 종종 있습니다. 더 이상 성장할 수 없고, 변화할 수 없고, 그래서 '거봐, 난 안 돼'라고 생각하죠. 우리가 뭔가를 시작하려 할 때 가장 먼저, 그리고 가장 집요하게 제동을 거는 사람은 다른 누구도 아닌 우리 자신이죠. 도전이란 무엇인가요? 새로운 일, 현재의 내가 할 수 있는 것보다 더 큰 능력을 요구하는 일, 그리고 결과를 장담할 수 없는 일입니다. 두려움이 엄습하죠. 많은 경우 우리는 제자리에 있기로 선택합니다. 아쉽기야 하지만 변하지 않기로 마음먹으니 두려움을 피할 수는 있습니다. 그 사이 변화와 성장의 기회들이 저만치 멀어져 갑니다.

우리는 다른 사람과 대화하듯 자신과 대화를 할 수 있습니다. "넌 할 수 있어!"라고 얘기해 줄 수도 있고, "넌 할 수 없어!"라고 말할 수도 있습니다. 내가 나에게 하는 말이니 어떤 말을 해줄지는 자신의 선택입니다. 자기에게 "넌 안 돼!"라고 얘기하는 사람은 정말로 성취가 낮아진다는 연구 결과들이 많습니다. 이 차이는 시간이 지날수록 더 큰 차이를 만들어 내죠. 원하는 결과가 안 나왔을 때, 부정적인 피드백을 받았을 때 왜 그런 일이 일어났는지를 자신에게 설명할 때 차이가 드러납니다.

사회심리학자들이 자성예언self-fulfilling prophecy

이라고 부르는 현상이 있습니다. 누군가가 어떤 기대를 가지면, 그것이 오해든 아니든 상관없이 기대를 받는 대상이 정말로 기대에 맞는 행동을 하거나 그런 상태가 되는 현상을 말합니다. 선생님이 '나중에 크게 될 학생'이라는 기대를 가지고 학생을 믿어주면 그 학생은 기어코 기대에 부응합니다. 선생님은 그런 학생을 보며 속으로 생각하죠, '역시 크게 될 녀석이었다니까!'

나에 대한 기대도 마찬가지입니다. 스스로에게 '할 수 있어'라고 매일, 그리고 자주 말해주세요. 스스로에게 건 기대는 작은 성공 경험이 되어 돌아옵니다. 심리학자 마틴 셀리그먼Martin Seligman은 작은 성공 경험으로부터 '이 세상은 내 행동을 통해서 원하는 결과를 얻어낼 수 있다'는 믿음이 만들어진다고 말합니다. 희망을 위한 중요한 믿음이죠.

어떤 모습으로 살고 싶으세요? 어떤 내가 되어야 진정한 나로 산다는 느낌을 줄 수 있을까요? 지금의 나에게는 아직 그런 모습이 부족하지만 미래의 나는 바라는 대로 살 수 있습니다. 그렇다면 미래에 될 수 있다고 생각하는 가능자기possible selves로 현재의 나를 규정해 보세요. '나는 그것을 할 수 있는 사람'이라고 정의하면 '할 수 있다'는 목소리에 힘이 실립니다. 사람들은 자기가 '무엇이다'라고 믿는 대로 생각하고 행동하니까요. 지금은 땅 짚고 헤엄치기밖에 못하는 나지만, '나는 일상에서 수영을 즐기는 사람', 또는 '아마추어 수영 선수'라고 정의 내린다면 땅 짚고 헤엄치기를 끝내고 어느새 수영을 곧잘 하는 자신의 모습을 발견할 수 있게 됩니다. 예언이 스스로 성취되는 기적이 일어납니다.

미래의 나로서, 되고 싶은 나로서 살아가기로 결심하는 순간 질적 변화가 일어납니다. 현재 너머의 것을 볼 줄 아는 미래의 나는, 문제들을 풀지 못해 끙끙거리고 있는 오늘의 나에게 문제 해결을 위한 통찰을 제시해 줍니다.

무엇보다도, 미래의 나로 산다는 것은 방향을 정한다는 것과 같습니다. 방향이 없는 삶은 고달프죠. 인생에 정답이 없기 때문에 오답들을 일일이 지워 나가는 수고를 더 많이 하게 됩니다. 앞서 인생은 미괄식이라고 했지만, 정말로 원하는 것이 있다면 두괄식 인생으로 살아보고 싶지 않으세요?

어디로 가야 할지를 알고 가는 사람은 즐거운 여행을 할 수 있습니다. 비가 내리기도 하고 캄캄한 길도 만나지만, 그것들이 언젠가는 지나간다는 것과 그 길을 통과해야 원하는 곳에 도달한다는 사실을 알고 있습니다. 현재의 문제들에 압도당하기보다는, 현재 너머의 것들을 바라보며 통찰을 얻습니다. 길가다 멈춰 서서 꽃의 아름다움을 감상하거나 만나는 사람들에게 작은 친절을 베푸는 여유도 생겨나지요. 삶이 풍요로워지고 그 속에서 희망이 느껴집니다. 목적지가 없는 사람은 폭우를 만나면 이곳은 어디인지, 왜 내 삶에 이런 일이 생겨야 하는지 힘들게만 느껴집니다. 문제가 넘쳐나는 오늘만 바라보기 때문에 오늘의 일들에 이리저리 치이다 보면 마음의 여유를 찾기가 어렵습니다.

그러니 되고 싶은 나로서 사는 연습을 해보세요. 내가 되고 싶은 성격이 있다면 그런 성품을 가진 사람으로 자신을 정의하면 됩니다. 목표가 있다면 목표를 이룬 사람으로 스스로를 정의 내리세요. 대학원에 입학해 처음 읽었던 책들과 논문들의 맨 앞장에는 제 이름과 함께 '사회심리학자'라는 글귀가 적혀 있습니다. 그리고 전 사회심리학자가 되었죠. 제 지갑에는 꿈을 적어 놓은 쪽지가 들어 있습니다.

카드를 꺼내려고 하다 보면 "나는 사랑과 꿈과 희망과 감사를 얘기하는 베스트셀러 작가다"라는 손글씨가 슬쩍 보입니다. 당신도 성장 능력자로서, 되고 싶은 진정한 나로서 오늘을 살아 보세요. 인생 이야기의 작가로서, 어떤 꿈이든 어떤 이야기든 만들 수 있습니다.

정말로 몸속의 똥을 비워야 한다면

인생의 전환점을 만드는 마음

몸속의 똥을 비워내야 할 때가 있습니다. 그리고 그럴 때면 일상에 큰 변화가 함께 찾아오는 경우가 종종 있습니다. 아기를 출산하기 전, 그리고 대장 내시경을 하기 전에도 약물의 도움을 받아 몸속을 비웁니다. 검진이나 수술을 앞두고는 금식을 해야 하죠. 쉬지 않고 일하던 똥 만드는 기계가 비로소 잠시 멈추게 됩니다. 아이가 태어난다든가 몸에서 뭐라도 문제가 발견되면 일상은 요동칩니다. 몸속의 똥을 비워내야 할 때 그동안 보이지 않았던 새로운 것들이 보이게 됩니다. 변화의 시작입니다.

    한국에 돌아와 계절이 두어 번 바뀐 후, 이제 적응도 다 되었으니 본격적으로 활동을 시작하려던 찰나였습니다.
    "암입니다. 당장 수술을 해야 합니다."
    의도치 않았고, 의도할 수도 없는 반전이었죠. 진료실을 걸어 나오면서 아내와 아이들 얼굴이 제일 먼저 떠올랐습니다. 병원에서 집으로 돌아오는 길에는 억울하다는 생각이 들더군요. 그간 술 담배도 안 하고 건강한 식생활을 유지하며 살아왔다고 생각했는데, 30대 나이에 벌써 암이라니 허탈했습니다.
    '왜 하필 나한테······.'
    젊은 사람들도 많이들 진단받는다는 갑상선암은 그나마 착한 암이라 불리기도 하고 이제는 암도 아닌 취급을 받습니다. 그러나 암은 암이죠. 며칠 동안 인터넷에서 검색을 하며 이런저런 안타까운 사례

들을 읽다 보니 잘못하면 죽을 수도 있겠구나 하는 생각이 들었습니다. 몸속에 암세포가 자라고 있다는 생각을 하다 보면 삶과 죽음에 대해서 진지하게 생각해 보게 되죠. 사람들은 이 필연적인 죽음도 어찌하지 못하는 의미들을 만들어 냄으로써 죽음에 맞섭니다. 스스로 존재의 정당성을 증명하기 위해 노력하고, 자존감이나 문화와 같이 육체가 사라지더라도 누군가의 기억 속에 살아남을 수 있는 정신을 남기려 하죠.

의미의 상실은 방향의 상실과도 같습니다. 의지와 상관없이 불쑥 찾아온 건강의 변화는 이제껏 삶을 채우고 있던 여러 가지 의미들을 새롭게 정의할 것을 요구합니다. 삶에 충실하다 보면 역설적이게도 삶의 의미에 대해 깊이 생각해 볼 여력이 많지 않습니다. 우리의 하루는 그때그때 처리해야 할 일들로 가득 차 있기 때문이죠. 오히려 죽음이라는 낯선 단어가 성큼 다가온 것처럼 느껴질 때, 삶을 의미 있게 만들어주는 가치들에 대해서 다시 한번 생각해 보게 됩니다.

며칠간 이어오던 암 관련 정보 검색하기를 멈추었습니다. 그 대신, 한 번뿐인 인생을 어떻게 살고 싶은지, 어떤 사람으로 살아가고 싶은지, 가장 중요한 가치들은 무엇인지 다시금 집중하는 시간을 가졌습니다. 솔직히 겁이 나기도 했지만 삶을 돌아볼 기회라 생각하니 감사한 마음이 들더군요. 제가 어떤 쓸모가 있을까 곰곰이 생각해 봤습니다. 이렇게 글을 쓰는 것도 제 존재 이유를 스스로에게 증명해 보이기 위한 여러 노력들 중 하나일 것입니다.

2주 뒤로 수술 날짜를 잡아 놓고 혹시나 하는 마음으로 다른 병원에 가 보았습니다. CT 촬영을 위해 금식을 하고 의사를 만났습니다. 두 번째 의사는 같은 진단을 내렸지만 수술에 대해서는 다른 의견을 내놓았습니다. 언젠가는 수술을 해야 하겠지만 지금은 일단 지켜보자고요. 아직 마음의 여유가 있었기에, 추적 관찰을 하기로 했습니다. 그리고 지난 3년간 감사하게도 암세포의 변화는 없습니다. 그때 검사를 하지 않았다면 아무 증상도 없는 이 암에 대해서는 지금까지도 모르고 살고 있었을 테지요. 확실히 변한 것이 있다면 제 삶에 대한 태도입니다. 지금 누리고 있는 것들 중 감사할 수 있는 것들을 더 적극적으로 찾습니다. 앞으로 남아 있는 시간들을 허비하지 않기 위해 이전보다 더 자주 삶의 우선순위들을 따져 보게 되고요.

의미를 담는 항아리에는 큰 구멍이 뚫려 있다고 했죠. 의미가 빠져나가고 나면 새로운 의미들로 다시 채우면 그만입니다. 의미를 채우는 과정에서 의미와 일상을 연결 짓게 되죠. 의미가 일상과 연결되면 하루하루가 풍요로워집니다. 결국 우리가 삶의 어려움이라고 부르는 많은 것들이 사실은 삶의 전환점을 만들어주고 진정 무엇을 하며 살고 싶은지 더 잘 알 수 있게 해주는 삶의 필수 장치와 같다는 생각이 듭니다.

되돌아보면, 저는 줄곧 하고 싶은 일을 하며 살아왔습니다. 학부생 시절, 심리학이 좋아서 공부를 하다 보니 여기까지 왔고, 지금은 새로운 일들에 도전하며 '여전히 꿈이 있어 행복하다' 느낍니다. 어릴 적부터 유독 꿈에 대해서 이야기하는 것을 좋아했습니다. 꿈을 나누고 응원해 주는 일을 할 때 가장 큰 보람을 느낍니다. 그래서 현재 직장에 만족하고 있습니다. 학생들에게 의미 있는 사람이 되고자 노력하고, 학생들은 저에게 큰 의미가 됩니다. 스무 살 언저리의 대학생들이 반짝이는 눈으로 자신들의 꿈을 이야기할 때 그 눈을 마주 볼 수 있어 감사합니다. 코

칭도 참 재미있지요. 고객이 목표를 이룰 수 있도록 함께 고민하고 고객의 자기실현을 도와줄 때 저도 덩달아 힘이 솟습니다.

물론 더 큰 어려움들이 찾아올 수 있습니다. 이해하기 어려운 일들도 많고, 사랑하는 사람과 이별해야 하는 때도 옵니다. 그러나 인생은 거기서 끝이 아닙니다. 내 삶을 더 잘 살기 위한 연습, 내일을 살아가기 위한 준비의 연속입니다. 인생은 어렵습니다. 그러나 우리는 그 어려움을 이겨낼 만큼 강한 것도 사실입니다.

어려움을 만났다면 그건 변화를 위한 강력한 신호입니다. 이전에는 보지 못했던 것들까지 더 잘 볼 수 있도록 삶이 당신에게 도움의 손길을 내밀고 있는 것입니다. 설령 잠시 의미를 잃어 힘들더라도, 조금씩 새로운 의미들로 채워나갈 수 있습니다. 시간을 갖고 가장 소중한 것들에 대해서 생각해 보세요. 당신에게 또 한 번의 변화와 성장이 있기를 진심으로 응원합니다.

여전히 할 수 있는 일, 그리고 될 수밖에 없는 이유

어느 날 아침, 일어나면서부터 허리에 통증이 느껴지기 시작했습니다. 상태가 점점 안 좋아지더니 모든 정신을 아스라이 빨아 당길 정도의 극한 통증으로 변했습니다. 이번 병명은 허리디스크. 한동안 누운 채로 밤낮 끙끙거리고 있다 보니 시간이 너무나 더디게 흘렀습니다. 어찌나 아프던지, 두 번이나 출산을 경험한 아내에게 출산하는 것보다 더 아플지도 모른다는 망언까지도 서슴없이 나오더군요.

할 수 있는 일들이 줄어드니 답답했습니다. 그러나 마냥 우울해하지는 않았습니다. 아프면 아픈 대로 누워서도 할 수 있는 일들을 했습니다. 통증이

잦아들면 책을 집어 들었습니다. 책에 밑줄을 치려다 보면 중력 때문에 볼펜이 나오지 않는 경우가 있었습니다. 그때마다 펜을 탁탁 털며, "허리는 절대 끊어지지 않는다. 반드시 다시 일어난다."라고 되뇌었습니다.

가진 것을 잃고 싶어 하는 사람은 없습니다. 상실은 힘이 빠지고 암울해지는 경험이죠. 그러나 조금만 더 자세히 들여다보면 할 수 있는 것들이 여전히, 그것도 아주 많이 남아있다는 것을 알게 됩니다. 우리의 삶은 그렇게 단순하지 않아서 어떤 일에든 이면이 있고 다른 관점에서 바라볼 여지가 충분합니다. 하나의 문이 닫히면 또 다른 문이 열린다는 헬렌 켈러의 말처럼, 세상이 문을 닫아버리면 또 다른 문을 찾아서 그 문을 열면 그만입니다.

78세의 나이로 세상을 떠난 폴 알렉산더는 어린

시절 소아마비에 걸려 평생 동안 전신을 움직이지 못했습니다. 그러나 폴은 온몸을 감싸는 커다란 보조 장치 속에서 평생을 살면서도 자신이 할 수 있는 일들을 기어이 해냈습니다. 하고 싶은 공부를 했고, 대학을 졸업했고, 변호사가 되었습니다. 입으로 막대를 물고 키보드를 하나하나 눌러가며 책도 써냈지요.

누워서 대부분의 시간을 보내다 보니 대학생 시절 TV에서 봤던 닉 부이치치도 생각났습니다. 당시 팔다리가 없는 닉이 전 세계를 돌아다니며 사람들을 포옹해 주는 모습에 감동했던 기억이 납니다. 궁금해서 찾아보니 지금도 많은 사람들에게 용기와 희망을 주는 삶을 살고 있더군요. 행복해 보였습니다. 물론 그런 그도 팔다리가 없는 현실만을 바라볼 때 좌절했습니다. 어린 시절 몇 번의 자살 시도가 있었지만, 결국 그는 주어진 상황에서 자신이 할 수 있는 것들을 찾아냈습니다. 닫힌 문에 미련을 두지 않고 자신이 열 수 있는 또 다른 문을 열고 앞으로 나아간 것이겠죠.

　　당연하게 생각했던 많은 것들을 압수당하는 경험을 하면서, 이 당연한 것들 덕분에 인생은 참 희망적일 수밖에 없다는 것을 다시 한번 느꼈습니다. 사실 우리가 하루 동안 경험한 일들 중 부정적이라고 여기는 일들은 몇 개 되지 않습니다. 정해진 시간에 맞춰서 지하철이 온다든가, 엘리베이터 문 닫힘 버튼을 눌렀을 때 문이 닫힌다든가 하는 일상을 채우는 작은 일들은 당연한 것으로 느껴집니다. 덕분에 우리는 뜻대로 되지 않는 한두 가지 일에 대해 고민하고 불평하고 낙담할 충분한 정신적 에너지와 시간을 확보하게 됩니다. 만약 오늘 아침 엘리베이터 문이 고장 나서 엘리베이터에 그대로 갇혀버렸다면, 그래서 중요한 행사에 참석하지 못했다면 어땠을까요? 생각하기도 싫은 상황입니다. 일상처럼 열리고 닫히는 엘리베이터 문조차도 고맙게 느껴집니다.

오늘 있었던 100가지의 일들 중에 겨우 두세 가지가 우리의 마음을 괴롭힌다고 한다면, 반대로 90가지 이상의 절대다수가 우리의 삶을 지지해 주고 있습니다. 나머지 90여 개의 성공적인 일들 덕분에 당신의 오늘이, 그리고 내일이 희망적일 수 있습니다. 더 나아가서, 미처 생각지도 못하고 지나친 90여 가지를 자세히 들여다보면 당신이 지금 하고자 하는 그 일이 이루어질 수밖에 없는 이유 한 개 정도는 반드시 찾아낼 수 있습니다.

저는 '될 수밖에 없는 이유'란 말을 좋아합니다. 성공이든 실패든 결과 뒤에는 늘 이유가 붙죠. 그래서 아직 결과가 나오지 않은 지금, 굳이 무수히 많은 '안 되는 이유'들을 찾을 필요가 없습니다. 안 되는 이유들은 희망을 사치라 느끼게 만들고, 어떤 자격을 갖춰야만 희망할 수 있는 것처럼 만들어버립니다. 희망은 그렇지 않습니다.

　할 수 있는 것, 그리고 될 수밖에 없는 이유에 집중하세요. 90여 가지의 안 되는 이유들이 있더라도 단 몇 가지, 아니 단 하나의 '될 수밖에 없는 이유'가 있다면 희망하기에 충분합니다. 단 하나의 될 수밖에 없는 이유를 찾는 것이 수십 가지의 안 되는 이유를 찾는 것보다 훨씬 쉽습니다. 그 이유가 '그냥 난 그게 정말 하고 싶으니까'여도 괜찮습니다. 희망은 일단 그런 것이니까요. '언젠가는', '어떻게든'과 같은 막연한 단어들조차도 결국엔 두 손에 만져지는 현실로 만들어버릴 만큼 희망의 힘은 강력합니다. 우리가 할 수 없는 일들을 제외하고도 할 수 있고 하고 싶은 일들이 너무나 많죠. 그것만 하고 살기에도 짧은 인생입니다. 희망이라는 달달한 단어가 당신의 입가에 느껴지는 하루가 되면 좋겠습니다.

우리 세대의 가장 위대한 발견은

인간이 자신의 마음 자세를 바꿈으로써

삶을 바꿀 수 있다는 사실을

발견한 것이다.

- 윌리엄 제임스 -

똥만큼 창의적일 용기

창의성은 도전의 또 다른 이름입니다

중학교 1학년 때 학교 시화전이 열렸습니다. 저는 이순신 장군의 시조 <한산섬 달밝은 밤에>에 어울리는 수루와 보름달, 그리고 밤바다를 바라보는 이순신 장군을 그렸습니다. 미술 선생님은 제 그림이 좋다며 칭찬하셨고 이제 시조 글귀만 적어 넣으면 시화전에 낼 작품이 완성되는 단계였습니다.

교정에 작품을 전시하는 날이 되었고, 남들과 다른 특별함이 중요했던 저는 생애 첫 시화전을 위한 조용한 반전을 준비했습니다. 제 그림 위에는 이순신 장군의 시조가 아닌, 누군가가 패러디한 똥 시조를 찾아서 적어 넣었지요.

> 한산섬 달밝은 밤에 화장실에 홀로 앉아
> 신문지 옆에 끼고 아랫배에 힘을 주니
> 뿌지직하는 소리에 내 똥인가 하노라

미술 선생님은 기막혀했고, 응당한 벌을 내렸습니다. 학생들이 많이 다니는 교무실 앞에서 쉬는 시간마다 제 작품이 잘 보이게 두 손으로 들고 서 있도록 했죠. 창피함을 좀 느껴보라는 의도였겠으나, 저는 오히려 제 그림 앞에서 키득거리는 학생들을 보며 용기 낸 보람이 있다고 생각했지요. 지금도 그때를 생각하면 뿌듯합니다.

남들이 하지 않는 것에는 이유가 있고, 그래서 남들이 하지 않는 것을 하기는 쉽지 않습니다. 누군가의 관심을 끌고 그들에게 평가받는다는 것은 두려운 일입니다. 창의성 연구에 보면, 사람들은 창의적 활동을 하고 난 뒤 죄책감을 느낀다고 합니다. 우리가 창의적이라고 부르는 것들은 문화가 정해 놓은 규칙들과 관습들을 벗어난 것들이기 때문입니다. 문화가 만들어 놓은 안전한 방 밖으로 나가서 잘 정의되지 않은 것들과 마주하는 일은 마음을 불편하고 불안하게 만듭니다.

그래서 창의성은 도전의 또 다른 이름입니다. 프랑스 미술가 마르셀 뒤샹은 변기 하나를 기존 미술계에 던져 넣으며 미술의 새로운 시대를 열었습니다. 물론 온갖 비난을 받아야 했죠. 자신의 똥을 통조림통에 넣고 작품이라고 우겼던 피에로 만초니의 똥은 사람들의 비웃음을 샀지만 지금은 수 억 원의 가치를 인정받고 있습니다. 그들 역시 두려움이 앞섰을 것입니다.

시화전 전날 밤, 열세 살의 소년에게도 이순신 장군의 시조를 있는 그대로 적을지 똥 시조를 적을지를 놓고 고민했던 순간이 있었습니다. 30여 년이 흘러 이 책을 쓸 때도 그러했습니다. 글을 모아놓고 보니 제목부터 정말 더럽습니다. 똥 이야기 가득한 이 똥글을 누가 읽기나 할까, 누군가에게 의미가 있는 글이 될까 의심이 드는 순간도 있었습니다.

그러나 똥만큼 창의적일 용기가 있었기에 계속 쓸 수 있었습니다. 똥 시조를 시화전에 내걸었던 그때나 첫 책을 세상에 내어 놓는 지금이나 제게 필요한 용기의 크기는 같습니다. 일단 저지르고 보면 이 모든 것들이 그렇게 두려워할 일은 아니었다는 생각이 듭니다. 나쁜 일을 한 것도 아닌데, 고작 똥글을 썼다고 부끄러워할 이유가 전혀 없습니다. 오히려 새로운 것에 도전하는 모습은 응원을 받을 일이죠.

당신의 일상에 변화를 줄 수 있는, 그러나 두려움을 주는 일은 무엇인가요? 한번 용기를 내서 당신의 삶에 창의성을 초대해 보세요. 지금은 두렵겠지만, 당신이 초대한 창의성이 당신의 일상을 야무지게 변화시켜 나갈 겁니다. 지금은 부끄럽게 느껴질 것 같은 일이 훗날 자랑스러운 일이 될지도 모르죠. 그러니 뒷일은 걱정하지 마세요. 당신의 모든 역량이 변화를 지지해 줄테니까요.

하나씩 해나가면 됩니다

삶이 달라지기를 원한다면 이제까지와는 다른 생각과 행동을 하면 됩니다. 너무나 진부한 표현이지만, 정말로 그렇기 때문에 달리 표현할 방법이 없네요. 문제는, 변화를 원한다고 해도 막상 변화를 시작하려고 하면 두려움이 앞선다는 겁니다. 이제 막 기어다니기 시작한 아기도 낭떠러지처럼 보이는 바닥 앞에서 멈춰 섭니다. 새로움과 변화에 대한 두려움은 우리의 생존을 위해 뇌 깊숙이 각인되어 있기 때문입니다. 심지어 충분히 변화할 수 있고 그 일을 성공적으로 해낼 수 있는 능력이 있는 사람조차도 성공이 가져올 변화가 두려워 도전하지 않습니다. 요나 콤플렉스Jonah complex라고 부르는 우리 마음속 겁쟁이는 우리가 변화를 통해 성장하고 싶어도 성장이 어렵도록 발목을 잡습니다.

우리는 미래를 바라볼 때 시간차를 두고 일어날 모든 일들을 '미래에 일어날 일' 하나로 묶어서 생각하는 경향이 있습니다. 시간을 압축시켜서 생각하다 보니 아직 일어나지 않은 모든 변화들이 동시에 일어나는 것처럼 느껴지죠. 그런 큰 변화라면 두려울 수밖에 없습니다. 일상이 버겁게 느껴지는 상황에서 변화를 해야 한다는 얘기를 들으면 숨이 턱 막힙니다. 당장 다음 달에 지금 사는 곳에서 멀리 떨어진 지역, 혹은 해외로 이사를 간다고 생각해 보세요. 앞으로 펼쳐질 변화들을 생각하면 신경 쓸 것이 한두 가지가 아닙니다.

    20대 후반, 한 손에는 미국행 편도 비행기표를, 다른 한 손에는 클래식기타를 들고 기약 없는 여행길에 올랐습니다. 비행기를 두 번 갈아탄 끝에 미국 시골 공항에 내렸고, 공항에서 빌린 자동차로 한 시간 반을 달려서 학교가 있는 작은 마을에 도착했죠. 그렇게 시작된 미국 생활은 도전의 연속이었습니다. 혼자였던 제가 누군가의 남편이 되었고, 아빠가 되었고, 그 사이 10년이 흘렀습니다. 이민의 마지막 문턱이라고 할 수 있는 영주권을 받게 되기까지 총 여섯 번의 이사를 했네요. 길었던 정착 과정에서 순간순간 어려움들이 생겨났죠. 그러나 서른 즈음에 만나 마흔 즈음에 헤어진 저의 미국 생활은 행복했고, 따스했고, 감사했고, 설레였고, 부족했지만 넘쳤고, 그 속에 깨달음과 희망이 있었습니다.

중요한 것은, 그 모든 변화를 한꺼번에 겪어야 했던 것은 아니라는 겁니다. 한 번에 한 두 개씩 크고 작은 일들이 있었고, 그때마다 도움의 손길이 있었으며, 예상치 못했던 길들이 열렸습니다. 꽤 똑똑하고 성실한 당신이라면 충분히 감당할 수 있는 변화들입니다. 저도 해냈는걸요. 당신의 지난 10년에는 어떤 변화와 성장의 이야기가 담겨 있나요?

변화가 두렵다면 일단 작은 것 하나를 시작해 보세요. 제가 미국 유학을 준비하기 위해 서점에서 영어 단어장 하나를 샀던 것처럼, 변화를 위한 아주 작은 시작이면 됩니다. '고작 그런 작은 일들로 삶이 변할 거면 진작 변했겠지'라는 생각이 들 수도 있죠. 결코 '고작'이 아닙니다. 두렵게만 느껴지는 아주 큰 변화도 결국 작은 변화에서 시작되지 않던가요? 그러니 당신이 만들어 갈 변화에 지금부터 너무 겁먹을 것 없습니다. 당신은 충분히 잘 해낼 수 있습니다.

그리고 더 성장해 있을 미래의 당신은 더 큰 변화도 거뜬히 감당해낼 것이고요.

결과는 모르는 거니까

후회할 것 같아서 변화를 시도하지 못하고 계시나요? 지금 후회할 것 같은 행동들도 일단 저지르고 나면 시간이 나서서 당신을 구해줍니다. 행동은 명분을 필요로 하고 우리는 명분 만들기의 전문가들이니까요. 지금이야 '괜히 했다가 나중에 후회 안 할 자신 있어?'라는 말이 무섭게 들리지만, 미래의 나는 후회를 안 할 가능성이 높습니다. 그러나 하지 않은 것은 조금 다릅니다. 명분을 쌓기가 어렵거든요. 했었어야 했는데 하지 않은 행동은 어떤 결과를 가져왔을지 모르기에, 무한한 가능성을 열어두고 있죠. '짝사랑하는 상대에게 고백했더라면 어땠을까', '그때 내가 정말로 원하는 일을 위해 변화를 시도했더라면······.' 등과 같이 우리가 원하는 어떤 것이든 현실이 될 뻔

했다는 생각이 미련을 남깁니다.

할지 말지 고민되는 일을 떠올려보세요. 지금의 당신이 하게 될 후회가 아니라, 5년 뒤 미래의 당신은 그 일에 대해 어떤 후회를 하고 있을지 상상해 보세요. 지금 그 일을 절대 시작하지 말아야 할 이유가 있는지도 차분히 따져보고요. 잘 생각이 나지 않는다면, 일단 해보는 것도 좋습니다. 결과는 모르는 거니까요. 물론 어떤 결과든 그건 본인 책임이라는 걸 잊지 마시고요.

꿈이 있다면 그 꿈에 다가갈 수 있는 일들을 시작해 보세요. 아주 작고 단순해서 지금 당장 해볼 수 있는 일부터요. 길은 어떻게든 열립니다. 변화에 대한 두려움은 잠깐이지만, 후회는 더 지독하고 끈질기다는 사실을 기억하세요. 도전하기로 결심하면 오늘부터 새로운 이야기를 써나갈 수 있습니다.

죽음을 앞둔 사람들의 후회를 살펴보면, 진정으로 하고 싶은 것을 하지 못하고 살았던 것, 사랑하는 사람들에게 진심을 전하지 못한 것, 그들과 더 많은 일상을 공유하지 못했던 것들입니다. 큰 후회 없이 살았다고 하는 사람들에게도 지나고 나면 여전히 아쉬움이 남는 부분들이 있습니다. 하지 않은 것들에 대한 후회가 남는다는 것을 보면, 행동은 의미를 담는 그릇이 맞습니다.

그러니 더 많이 행동하세요. 더 많이 사랑하고, 더 많이 시도하고, 그래서 똑같이 느껴지는 실수들을 더 많이 저지르세요. 당신의 삶을 행동과 경험으로 채우면 삶은 당신에게 의미를 돌려줍니다.

꿈을 이루는 법

꿈은 태도와 사람을 남깁니다

솜털 같았던 당신의 학창 시절 꿈은 무엇이었나요? 아이들이 다니는 학교에서 학교신문에 실을 인사말을 써 달라는 요청이 왔습니다. 요약하자면, "어린이 여러분, 꿈은 이루어집니다"라는 이야기를 적어서 보냈죠. 짧은 글이었지만 고민이 많이 되었습니다. 초등학생 아이들에게 그냥 '꿈은 이루어진다'라고 하면 여러 가지 오해의 소지가 있을 거라 생각했거든요. 끝내 꿈을 이뤄내는 사람들이 있지만, 그 사람들 중에서도 어린 시절 꾸던 꿈을 이룬 사람은 몇 명 되지 않을 것 같았거든요.

좀 더 정확하게 쓰려면 "어떤 사람의 어떤 꿈은 이루어집니다"라고 했어야 합니다. 그러나 꿈을 이루는 태도에 관해서라면, 꿈은 이루어진다는 표현은 틀린 말이 아닙니다. 꿈을 성취하는 과정은 지난하고 불확실하며, 때론 꿈을 포기해야 하는 경우도 있습니다. 여러 이유로 꿈은 변할 수 있겠지만, 결국 꿈을 이루는 건 그 사람입니다. 어릴 적 꿈을 모두 이룬 사람은 아마 없을 거예요. 꿈을 이루며 산다는 것은 가능했던 수많은 세계들 중 하나를 선택한다는 의미입니다.

삶은 어떤 꿈들을 포기할 것을 요구합니다. 학창 시절의 꿈, 갓 입사했을 때의 꿈, 가정을 꾸리기 시작했을 때의 꿈, 자식을 다 키워냈을 때의 꿈들을 떠올려 보세요. 건강에 문제가 생긴다거나, 불의의

사고를 당한다거나, 의도치 않게 인간관계가 끊어졌다거나 하는 여러 가지 이유로 우리의 꿈은 좌절을 맞이합니다. 그러나 거기서 계속 주저앉아 있을 수는 없습니다. 아직도 평생 다 이루지 못할 무수히 많은 꿈들이 당신을 기다리고 있으니까요. 잃어버린 꿈에 대해 차분히 생각해 보는 것도 내면의 성숙을 가져오는 좋은 방법입니다.

꺾인 꿈도 삶의 일부입니다. 이제 더 이상 되고 싶었던 모습으로 살아갈 수 없다는 상실감은 가슴 아프죠. 그러나 꿈을 좇은 덕분에 자기 자신에 대해 더 잘 알게 됩니다. 노력하는 과정에서 삶의 태도를 배우게 되죠. 당신의 삶의 태도에서 진정성을 느낀 사람들이 당신에게 찾아왔고, 당신이 꾸었던 꿈 덕분에 그들의 신뢰와 격려도 얻게 되었습니다.

더 이상 가능하지 않은 꿈들은 이제 낡은 서랍

속에 고이 간직해 주세요. 시간이 흘러 어느 순간부터가 가슴 쓰린 기억이 아닌 따뜻하고 뭉클한 추억으로 변해 있을 거예요. 그러니 지나간 것은 지나간 대로 넘어가도 됩니다. 앞으로의 여정은 새로운 꿈들이 이끌어 줄 테니까요.

과거의 꿈을 이루지 못한 것에 여전히 속이 쓰리다면, 아직 그 꿈이 살아 있다는 좋은 신호라고 생각하면 어떨까요? 꿈을 이루는 것은 어렵지 않습니다. 오늘부터라도 꿈을 이루고 있다는 마음으로 살아가면 됩니다. 꿈에 담겨 있는 가치는 모양에 상관없이 그대로 남아 있기 때문이죠. 이 책을 쓴 저는 어린 시절 시인의 꿈을 이루며 살고 있는 중입니다.

만약 당신이 아픈 사람들을 돕는 간호사가 되고 싶었다면 간호사의 마음으로 살아갈 수 있죠. 왜 간호사가 되려고 했는지 스스로에게 물어보는 겁니다.

무엇이 자신에게 가치 있는지를 떠올려보고 그 가치를 말과 행동으로 옮기며 오늘을 살아갈 수 있습니다. 집에서, 직장에서, 여행지에서 만나는 사람들 중 도움이 필요한 사람에게 친절을 베풀 수도 있지요. 당신에게 도움을 받은 이름 모를 누군가가 집으로 돌아가 그날 있었던 일에 대해 이렇게 얘기할지도 모릅니다.

"있잖아, 오늘 지하철에서 어떤 청년이 날 도와줬는데 어찌나 고맙던지, 예전에 병원에서 만났던 간호사 같더라니까."

이 정도면 꿈을 이루며 살고 있는 것 아닌가요? 과거의 꿈은 당신이 새로운 꿈을 향해 나갈 수 있도록 등을 밀어주고 싶어 합니다. 절대 앞으로 나가지 못하도록 끌어당기지 않아요. 진심이었던 꿈은 그렇게 치사하지 않습니다.

꿈은 흔적을 남깁니다

학창 시절 추억을 모아 놓은 보물 상자를 최근 다시 열어 보았습니다. 중학교 1학년 때 담임선생님이 선물로 주셨던 <마음을 열어주는 101가지 이야기> 책이 있었습니다. 30년 가까이 세월이 흘렀지만, 아직도 이 책을 읽으며 느꼈던 감동을 기억합니다. 그리고 그 당시 사람들을 돕는 의료 선교사가 되고 싶어 했던 제 꿈도요. 보물 상자 안에는 중학교 3학년 때 숙제로 장래희망 직업에 대해 조사한 보고서도 있었습니다. 그때는 장래희망이 대통령이었더군요. 되고 싶은 이유로, "많은 사람들에게 도움을 줄 수 있는 가장 확실한 직업이라고 생각했기 때문"이랍니다. 이렇게나 꿈이 컸네요.

대통령을 꿈꿨던 시골 소년은 고등학교 1학년생이 되었고, 똥을 밟고 바닥에 드러눕기까지 뜨겁게 방황하느라 잠시 꿈을 잊고 지냈죠. 꿈을 잊어서 방황했다는 표현이 더 정확하겠네요. 그 뒤로 고등학교 3학년 때는 육군사관학교에 입학해 나라를 지키는 군인이 되고 싶어 했습니다. 체육복 등판에 유성매직으로 '육사 수석'이라 크게 쓰고 운동장을 열심히 뛰었습니다. 그러나 1차 필기시험에서 보기 좋게 낙방했고, 이후로는 시를 쓰는 시인이 되고 싶어 했습니다. 고등학교 3학년 때 첫 시집을 만들어 시를 잘 쓰는 친구에게 선물했죠. 지금 생각하면 그때 벌써 독립출판을 해봤던 것이네요.

고등학교를 졸업할 때 즈음에는 클래식기타리스트가 되어 사람들에게 감동과 위로를 주고 싶었습니다. 당시에는 음악을 시작할 자신이 없었습니다. 대학에 가서는 기자가 되고 싶어 학보사 수습기자가 되었고, 클래식기타 동아리방에서 살다시피 했습니다. 그때 만난 친구들이 아직까지 곁에 남아 있네요. 군대에서 휴가를 나와 광화문 한복판에 서서 기자의 꿈을 키우기도 했고요. 더 나은 세상을 만드는 데 보탬이 되는 글을 쓰고 싶었습니다.

    사람들을 돕고 싶어 했고, 사람에 대해서 궁금한 것이 많았던 저는 군 생활을 마치고 심리학을 전공하게 됐습니다. 대학원에서 마음이 잘 맞는 친구와 선후배를 만났고, 무엇보다 아내를 만났죠. 심리학은 정말 재미있었습니다. 그러다 보니 미국까지 건너가 기약 없는 박사 공부를 하게 되었고, 미국에 정착해 살게 되었습니다. 미국에서의 긴 시간 동안 만났던 고마운 분들과 친구들 덕분에 외롭지 않았고 희망하기를 계속할 수 있었습니다. 한국으로 돌아오기 직전에는 재직 중이던 대학에 클래식기타 전공으로 입학할 준비를 했습니다. 교직원들에게 등록금 면제 혜택을 주기에, 서랍 속에 넣어 두었던 오래된 꿈을 꺼내 보았지요. 박사과정 때부터 지금까지 학생들이 성장해가는 모습을 옆에서 지켜보며 희망을 북돋워 줄 수 있어 행복했습니다.

제 장황한 꿈 이야기 속에서 어떤 연결점을 찾으셨나요? 30년 전 장래희망이었던 의료 선교사의 꿈이 지금 저와 마주치는 학생들에게 건네는 말 한마디, 수업 시간에 전하는 강의 내용에 전해지고 있습니다. 허리 디스크 이후로는 기타를 많이 치지 않지만, 그전까지는 종종 집에서 기타를 연주하면 아내가 즐거워해줬고, 아이들 자기 전에 자장가를 연주해주며 적어도 집에서만큼은 연주자가 될 수 있었습니다. 중간에 대통령, 군인, 시인, 기자, 클래식기타 연주자까지, 꿈의 모습은 여러 가지로 나타났지만, 그 속에 들어 있는 제가 중요하게 생각하는 가치는 크게 변하지 않았습니다.

시인과 기자가 되고 싶었던 저의 학창 시절 꿈 역시 20년도 더 지난 지금까지 잔잔하게 이어지고 있죠. 환경이 허락하는 한, 제가 글 쓰는 사람으로서 살아가기로 선택했기 때문입니다. 학과 프로젝트 수업을 담당하게 되면서, 오랜 꿈이었던 책을 만들어보기로 했습니다. 이전까지 한 번도 책을 쓰거나 만들어본 적이 없었으니 큰 도전이었죠. 수업에 참여한 학생들의 에세이를 모아서 책으로 만들었습니다. 비록 아마추어 수준의 책이었지만, 주제를 기획하고 출판사와 소통하는 과정에서 많은 것을 배웠습니다. 학생들이 쓴 글에서도 배울 것들이 많아 좋았고요. 하나 둘 놓은 징검다리 돌 덕분에 이 책을 처음부터 끝까지 직접 만들어보는 데 도전해볼 수 있었습니다.

어린 시절에는 화가도 되고 싶었습니다. 그림 대회에 나가서 종종 상을 타기도 했지만 솔직히 그림을 잘 그리지는 못합니다. 커가면서 그림을 그리지 않게 되었고요. 이 꿈은 그리 간절하지 않았던 것일까요. 하지만 어릴 적 잠시 꿨던 화가의 꿈이 희미

하게나마 흔적을 남겼다는 것을 압니다. 아내와 사귀기 전, 한동안 제가 아내를 쫓아다녔습니다. 마음을 얻기 위해 기타도 치고 아내의 초상화도 그려 주었죠. 연필 선 하나하나에 마음을 담아 사랑의 얼굴을 그렸습니다. 결과론적인 이야기입니다만, 지금 행복한 가정을 꾸릴 수 있게 된 것은 한때 꿈꿨던 크고 작은 희망들이 제가 알 수 없는 방식으로 도왔기 때문이라고 생각합니다. 아주 작은 꿈조차도 삶에 흔적을 남깁니다. 당신의 삶 곳곳에는 어떤 꿈의 흔적들이 남아 있나요?

고치 안에서 일어나는 일

꿈을 이루기 위해 필요한 것은 시간과, 그 시간을 채울 노력과, 어떤 노력을 얼마나 활기차게 할지를 알려주는 희망이라는 재료가 필요합니다. 문제는 노력이라는 것은 말 그대로 힘들고 고통스러운 과정이라는 것이죠. 그래서 우리는 시간과 희망을 가졌어도 꿈을 이루는 과정에 전념하는 것을 어려워합니다.

    그 어려운 변화를, 그것도 단순한 양적인 변화가 아닌 질적 변화를 멋지게 해내는 작은 친구를 하나 알고 있습니다. 나비 애벌레죠. 애벌레가 고치를 만들고 나면 본격적으로 변화를 시작합니다. 고치 안에서 시간을 보낸 애벌레는 이전 모습을 찾아볼 수 없을 만큼 멋진 나비가 됩니다. 우리가 변화하기 위해서도 마찬가지입니다. 꿈을 이루기 위해서는 꿈을 이룰 수 있는 환경 속으로 들어가면 됩니다. 튼튼한 고치는 애벌레가 마음 놓고 변화에 집중할 수 있도록 외부의 천적으로부터 애벌레를 보호합니다.

    변화할 수 없다는 자기 내면의 목소리로부터, 외부의 평가와 조언을 가장한 단념시키기로부터, 힘들게 노력하지 않아도 이 정도면 그냥저냥 참고 살 수 있을 것 같다는 달콤한 유혹들로부터 보호해 줄 자신만의 고치를 단단하게 만들어야 합니다.

고치를 만들기 위해서 "나는 할 수 있다!"는 믿음을 자주 확인해야 합니다. 도전을 시작하기 전에 "나는 할 수 있어!"라고 외쳐보세요. 온갖 방해공작들로부터 변화의 의지를 지켜낼 수 있습니다. 저는 아침저녁으로 화장실에서 거울을 보며 이야기합니다. 출퇴근하는 길에도 이야기해 주죠. "할 수 있어!"라는 말은 정말로 할 수 있게 해줍니다.

할 수 있다는 마음을 행동으로 바꿔줄 공간도 만들어야 하죠. 당신이 원하는 모습으로 살 수밖에 없는 환경을 만드는 거예요. 그냥 해야 하는 상황이 만들어지면 어떻게든 하게 됩니다. 할지 말지 고민할 필요도 없고요. 제가 즐겨 쓰는 배수진 전략입니다. 자리가 사람을 만들고 환경이 사람을 만듭니다.

많은 사람들이 책을 쓰고 싶어 하지만 책을 써내지 못하는 가장 큰 이유는 책 쓰는 일이 우선순위에서 계속 밀려나기 때문입니다. 저도 책을 써야지 하면서도 계속 미루게 되더군요. 이번에는 공개적으로 책이 나올 수 있는 환경을 만들었습니다. 책 출판에 드는 비용을 사전에 후원받는 크라우드 펀딩을 진행했죠. 아직 책이 다 만들어지지 않은 상태에서 출간 이후 있을 북토크 일정도 잡았습니다. 정말로 쓰지 않고는 안 되는 상황이 되자 글이 잘 써졌습니다. 우선순위에서 밀려 있던 글쓰기를 1순위로 올릴 수 있었죠. 주로 아침 일찍 다른 일과를 시작하기 전, 그리고 모든 일과를 마치고 아이들이 잠든 후 글을 썼습니다. 이렇게 하니 어찌어찌 책이 나오네요. 물론 힘들 때도 있었습니다. 글쓰기 프로젝트가 추가되었고, 책 디자인, 배본사 알아보기, 서점과 계약하기, 마케팅 등 1인 출판사 일까지 챙기다 보니 정신이 없었죠. 작가로 변화하기 위해 제가 만든 고치입니다.

될 수밖에 없는 환경을 만드는 비슷한 방법으로, 사람들에게 구체적으로 목표를 알리는 것이 큰 도움이 됩니다. "나는 이번에 90점을 받을 거야", "나는 올해 12월까지 자격증을 딸 거야"와 같이 다른 사람들에게 구체적인 목표를 알리는 사람들이 목표를 마음속으로만 생각하는 사람들에 비해서 실제로 목표 달성 확률이 더 높아집니다. 사람들은 언행일치를 꽤 중요하게 생각하기 때문이죠. 이미 공개적으로 말했기 때문에 실천하지 않을 수 없습니다. 이루어질 수밖에 없는 상황은 목표를 달성하게 해주고, 이 작은 성공 경험은 희망의 불씨가 되어 더 어렵고 두려운 목표에도 도전할 수 있게 해줍니다. 말로만 들어도 기분 좋은 선순환 아닌가요?

나비 애벌레는 워낙 작아서 모습이 그대로인 것 같지만, 고치 안에 들어가기 전에도 성장을 거듭합니다. 몸집이 커지면서 원래 가지고 있던 피부가 몸에 맞지 않게 되면 네다섯 번에 걸쳐 탈피를 하게 되죠. 우리의 성장 과정도 이와 같습니다. 같은 고등학생이라도 1학년, 2학년, 3학년은 엄연히 다르죠. 그리고 대학생이 되면, 여전히 앳된 얼굴들이지만 어엿한 성인 대접을 받습니다. 양적 성장 뒤에 질적 변화가 일어납니다. 그러니 당장에 질적으로 큰 변화가 없다고 실망하지 마세요. 자신의 성장에 집중하면 됩니다. 작년 보다 나은 올해, 어제 보다 나은 오늘이면 됩니다. 그 정도면 충분히 희망적이죠. 조금씩 성장하다 보면 언젠가 날개가 돋아나는 날이 찾아옵니다.

장애물이 거기에 있는 이유

> 우리가 잠시 받는 가벼운 고난이 우리를 위해
> 훨씬 더 뛰어나고 영원한 영광의 무거운 것을 이루느니라
> -고린도후서 4장 17절

내일을 꿈꾸며 열심히 살다 보면 어려움을 만납

니다. 장애물은 누구도 원치 않는 말 그대로 장애물입니다. 장애물은 도대체 왜 있는지 생각해 보셨나요? '내 능력이 이 정도라서', '내가 선택을 잘 못해서', '누군가 내 성공을 질투해서' 등 여러 가지 이유가 있을 수 있습니다. 장애물이 있는 이유가 여러 가지라면 한 가지 이유를 더 추가해도 괜찮겠지요.

<마지막 강의>의 저자 랜디 포시는 암으로 세상을 떠나기 전 마지막 강의에서 어릴 적 꿈을 주제로 삶의 태도에 대해서 이야기 한 적이 있습니다. 그는 장애물이 있는 것은 우리의 꿈을 "가로막기 위해서가 아니며, 그것은 우리가 얼마나 간절히 원하는지 보여줄 기회를 주기 위해" 있는 것이라고 말했습니다. 당신이 원하는 그것이 얼마나 중요하고 가치 있는지 알려주기 위해 인생이 배려해 주고 있는 것이라고 생각해 보세요. 두렵지만 이겨낼 수 있습니다. 두려움보다 간절함이 더 강하니까요.

희망을 키우는 희망적인 방법들

희망, 그게 밥 먹여 주나요?

네, 밥 먹여 줍니다. 희망에 관한 흔한 오해들이 몇 가지 있습니다. 우선, 희망은 상황이 좋고 여유 있을 때나 생기는 것으로 오해합니다. 사람들은 언제 희망을 느낄까요? 기쁨이나 평온함 같은 대부분의 긍정 정서는 안전한 환경이 주어졌을 때 느끼는 감정입니다. 그러나 희망은 예외적이죠. 사람들은 어려운 상황 속에 두려움을 느끼면서도 더 나은 상황이 올 수 있다는 믿음을 바탕으로 희망을 경험합니다.

에리히 프롬Erich Fromm은 그의 저서 <희망의 혁명>에서 사람을 '희망하는 인간Homo Esperans'으로 정의했습니다. 프롬은 희망은 인간으로서 존재하기 위한 본질적인 조건이기 때문에 인간은 희망 없이 살 수 없다고 주장했습니다. 실제로 자살에 큰 영향을 주는 요인이 다름 아닌 무망(희망 없음)인 것을 볼 때, 희망 없이 살 수 없다고 한 표현이 과하지 않네요. 그러니 희망은 여유 있을 때만 누릴 수 있는 사치품이 아닙니다. 오히려 희망을 잃는 순간 여유가 사라집니다. 희망은 마지막의 마지막까지 우리의 편에 서서 우리가 인간다운 삶을 살 수 있도록 삶에 여유를 마련해 주는 최후의 안전장치가 아닐까요?

희망에 대한 또 다른 오해는, 희망은 문제 해결에 도움이 되지 않는다는 겁니다. 할리우드 영화에서 주인공이 최악의 상황에서도 농담을 하는 여유를 보입니다. 마음의 여유를 잃지 않는 한 문제 해결의 영화와 현실은 다르다고요? 심리학에서 정의하는 희망이란, "나는 해낼 수 있고, 어떻게 해야 할지 알고 있어!"와 같이 무언가 간절히 원하는 것이 있고, 그것을 얻기 위해 다양한 방법을 시도할 수 있다는 자신감으로 이루어져 있어요.

희망에 관한 연구들을 살펴보면, 희망적인 사람들은 문제 해결에 적극적으로 뛰어듭니다. 희망적인 사람들이 더 건강하고 고통을 더 잘 견디며, 학업과 대인관계에서도 더 성공적인 모습을 보입니다. 그리고 삶의 목적과 의미감을 더 크게 경험하지요. 즉 희망은 삶이 어렵더라도 그 가운데서 해결책을 찾아내고 더 나은 삶으로 이끄는 꺼지지 않는 엔진과도 같은 감정입니다. 실제로 심리 치료에서 희망은 어떤 사람이 변할지 말지를 예측하는 강력한 도구입니다. 삶의 지향점을 향해 다음 단계로 나아가도록 돕는 희망이야말로 정말 실용적인 감정이지요.

마지막으로, 희망은 고이 간직해야 한다고 말하는 사람들이 있습니다. 사실 희망을 혼자서만 고이 간직하기는 쉽지 않습니다. 희망적인 사람은 이미 얼굴에, 목소리에, 발걸음에, 행동에 드러나거든요. 본인은 물론 주변 사람들까지도 활력을 느끼게 해주는 참 다재다능한 감정입니다. 이왕이면 함께 행복해질 수 있게 주변 사람들에게 표현하세요. 꿈을 말하고 표현할수록 희망은 더 정교해집니다. 꿈에 한 걸음 더 다가가는 셈이지요. 사람들은 생기 넘치는 당신의 곁에 있으려 하고 당신의 미래를 진심으로 응원해 줄 겁니다.

나의 성장을 기대하는 마음

제가 어린 시절을 보낸 곳은 학원이 정말 단 한 군데도 없는 시골이었습니다. 학교 수업이 끝나면 형과 함께 뗏목을 만들어 물고기를 잡고, 친구들과 축구하고, 이 동네 저 동네 산과 들을 자전거로 누비

다가 캄캄해지면 저녁을 먹으러 집으로 돌아오는 유년 시절을 보냈죠. 어린 시절 이야기를 장모님께 해드리면 이야기가 묘하게 잘 통하는 세대 통합의 효과도 있습니다.

자연 속에서 느린 삶을 살았지만, 감사하게도 꿈은 크게 꾸었습니다. 꿈꾸는 데 돈이 드는 건 아니었으니까요. 은사님이신 중학교 때 수학선생님은 수업 시간에 늘 꿈에 대해서 이야기해 주시곤 했죠. 당시 수학을 가장 못 했지만 수학 시간이 늘 기다려졌습니다. 어머니는 제가 꿈 많은 요셉(성경에 나오는 인물) 같다는 얘기를 해주시곤 했습니다. 나이 마흔이 넘은 지금도 가끔 요셉 이야기를 하십니다.

저는 격려를 뜻하는 encouragement라는 영단어를 좋아합니다. 사전에 보면, 용기를 북돋워준다는 의미도 있지만, 희망을 높여주는 일, 또는 뭔가를 계속하도록 하는 일이라고 정의됩니다. 희망을 품은 사람은 불확실에 맞서는 용기와 끈기 있게 도전하는 의지를 얻게 됩니다. 그러니 누군가를 격려해 준다는 건 그 사람이 자신의 미래를 만드는 일을 전폭적으로 도와주는 일입니다. 육아로 지치고 우울할 때, 회사에서 일이 잘 풀리지 않을 때, 누가 "잘 하고 있고, 해낼 수 있다고 믿어. 나아질 방법을 같이 찾아보자."라고 얘기해 준다면 얼마나 힘이 날까요? 희망의 씨앗을 심는 겁니다. 작은 격려만으로도 희망은 쉽게 자라나죠.

일곱 살이던 발명왕 에디슨이 학교에서 공부하는 데 어려움을 겪자, 그의 어머니는 아들을 집에서 직접 가르쳤습니다. 에디슨의 성장을 격려해 준 어머니가 없었다면, 우리가 아는 에디슨은 없었을지도 모르죠. 당신의 곁에는 그런 사람이 있나요? 없어도 괜찮습니다. 스스로에게 격려해 줄 수도 있거든요.

수용적인. 활동적인. 적응력 있는. 모험을 즐기는. 따뜻한. 긍정적인. 조심성 있는. 생기 있는. 야망이 있는. 심지가 굳은. 주장적인. 자신만만한. 세심한. 대담한. 용감한. 명랑한. 능력 있는. 조심스러운. 유쾌한. 영리한. 몰입을 잘하는. 유능한. 의식이 있는. 자신감 있는. 신중한. 용기 있는. 창조적인. 결단력 있는. 헌신적인. 결의가 굳은. 끈질긴. 근면한. 실천적인. 열성적인. 진지한. 영향력이 있는. 에너지 넘치는. 경험이 많은. 신의가 두터운. 겁이 없는. 유연한. 목적이 분명한. 너그러운. 미래 지향적인. 자유로운. 행복한. 건강한. 희망적인. 상상력이 풍부한. 머리가 좋은. 지적인. 해박한. 사랑스러운. 성숙한. 개방적인. 낙천적인. 예의 바른. 체계적인. 인내심이 있는. 통찰력이 있는. 끈기 있는. 변치 않는. 건설적인. 강인한. 신앙심이 깊은. 민첩한. 이성적인. 잘 받아들이는. 여유로운. 의지할 만한. 지략이 풍부한. 책임감 있는. 분별력 있는. 숙련된. 신용이 있는. 영적인. 안정적인. 꾸준한. 정직한. 강건한. 불굴의. 감사가 넘치는. 철저한. 사려 깊은. 튼튼한. 타인을 믿는. 신뢰할 만한. 진솔한. 이해 있는. 남들과 다른. 추진력 있는. 활기찬. 선견지명 있는. 건전한. 의지가 있는. 매력적인. 현명한. 존경할 만한. 열광적인. 열심인.

*Miller (2004)

위의 단어들*은 성공적으로 변화한 사람들의 특성을 모아 놓은 것입니다. 펜을 들고 자신을 잘 나타낸다고 느껴지는 단어들에 동그라미 쳐보세요.

한두 개 정도 동그라미 치는 것은 어렵지 않았죠? 그것 보세요, 당신은 이미 성공적으로 변화할 수 있는 특성을 가지고 있답니다.

끝이 아니라 다시 시작입니다

예전에 성공했던 경험은 어떤가요? 누구나 하나쯤, 아니 여러 개 가지고 있죠. 스스로 뿌듯하게 느꼈던 그때의 기억을 떠올려보세요. 마음먹고 찾아보면 아주 작은 일부터 성공한 경험들이 정말 많습니다. 마음만 먹으면 해낼 수 있다는 증거들이 차고 넘치죠. 미래는 결과를 아직 모르기 때문에 두려울 뿐입니다. 과거에 그랬던 것처럼 당신은 내일도 또 크고 작은 성공을 경험하며 살아갈 예정입니다.

실패할까 두렵다고요? 실패는 두렵죠. 실패가 아니라 '시도'라고 한다면 어떻게 느껴지세요? 시도는 끝이 아니라 시작이죠. 아직 이룬 게 없어도, 원하는 것을 이루지 못했어도, 도전하는 데 아무런 문제가 되지 않습니다. 오늘 다시 시도하면 되니까요.

자신과 비슷한 환경에서 원하는 것을 이뤄낸 사

람들, 즉 롤 모델을 찾아보는 방법도 있습니다. 관심을 가지고 잘 들여다보면 주변에서, 영상에서, 책에서 당신과 비슷한 환경에서 전혀 다른 삶을 살고 있는 사람들을 어렵지 않게 찾을 수 있습니다. 그들이 무언가를 이루며 살 수 있는 이유는 계속해서 시도하고 도전했기 때문입니다. 누군가가 했다면 당신도 할 수 있습니다.

미래의 나에게 도움을 요청하세요

그래도 희망이 잘 느껴지지 않는다고요? 그렇다면 잠시 시간을 갖고 미래의 나로부터 격려를 받아보세요. 꿈을 이루기 위해서는 시간이 필요합니다. 1년 뒤의 나, 3년 뒤, 10년 뒤에 지금 당신이 원하는 모습으로 살아가고 있는 자신을 떠올려 보세요. 그리고 미래에 꿈을 이룬 성공한 당신이 지금의 당신에게 할 수 있다는 응원의 말들을 해준다고 생각해 보세요. 어떤 말을 해주고 싶은가요?

타임머신이 있다면 한창 방황하고 있을 고등학교 1학년 때의 저에게 찾아가서 이렇게 말해 줄 것 같습니다.

"너가 그때 바닥을 딛고 일어나줘서 참 고마워. 포기하고 싶고 힘들었을 텐데 결국 이겨냈잖아? 그 후로 25년이 흘렀고, 너의 그 용기 덕분에 지금의 나는 사랑하는 사람들과 함께 예쁜 가정을 꾸리며 살고 있어. 너는 잘해왔고 앞으로도 잘할 거니까 힘내. 나도 20년이 또 흘러 나중에 60대가 된 나에게서 고맙다는 얘기 들을 수 있게 힘낼게."

미래의 나에게서 도움을 받으려면 미래의 나와 연결이 잘 되어 있어야 합니다. 거창해 보이지만 아주 간단하게 연결할 수 있어요. 메모할 수 있는 종이를 아무거나 한 장 준비합니다. 이제 눈을 감고 5년 뒤 목표를 달성한 자신의 모습을 떠올려 보세요. 생각만으로도 즐겁죠. 가족들과 친구들의 반응, 꿈을 펼치며 멋지게 일하는 모습, 일하면서 나누는 구체적인 대화 등 시간을 갖고 자세하게 상상해 보세요.

그다음이 중요해요. 이제 눈을 뜹니다. 종이의 맨 오른쪽에 지금 상상한 모습을 한 단어로 표현해 보세요. 5년 뒤 나는 어떤 사람인지 이름을 붙여 주세요. 종이의 맨 왼쪽에는 지금의 나를 표시합니다. 5년 뒤 나와 현재의 나 사이에 공백이 보이죠?

이제 거기에 징검다리를 놓을 겁니다. 이토록 멋진 미래의 내가 되기 위해서 앞으로 2년 뒤에는 어떤 것을 하고 있어야 할까요? 그다음 이번 달에 할 일, 이번 주, 그리고 오늘 할 일을 5년 뒤 모습에서 현재의 나 쪽으로 순서대로 종이에 적어 보세요. 예를 들어, 5년 뒤에 제빵사가 되고 싶다면 적어도 오늘 동네 빵집에 가서 빵 종류가 몇 개나 되는지 세어 보겠다는 계획을 세울 수 있겠죠. 이 별것 아닌 행동은 그냥 호기심에 한 번 빵을 세고 있는 게 아니라 5년 뒤 되고 싶은 미래의 자신과 연결된 매우 의미 있는 활동이 됩니다. 이렇게 지금 할 수 있는 일부터 하나씩 해 나가다 보면 주위 사람들도 어느새 당신의 얼굴에서 희망을 볼 수 있게 됩니다.

미래의 내 모습을 상상하는 것이 도움이 되지만, 잘못하면 오히려 독이 되기도 합니다. 마치 복권에 당첨된 상상을 하듯이 성공한 미래의 모습을 그려보는 데서 그친다면 그건 진짜 희망이 아닌 게 되어 버려요. 달리기를 할 때 정지 상태에서 앞으로 달려 나가기 위해서는 몸을 앞으로 살짝 기울여야 하죠. 마찬가지로, 희망이라는 감정의 중심은 오늘이나 내일 어느 한쪽에 있는 것이 아니라 늘 오늘과 내일 사이에 있습니다. 간절히 바라는 내일과 진심이 느껴지는 오늘, 이 둘이 연결되는 그곳에 진짜 희망이 자리하고 있습니다.

이왕이면 참지 말고, 지금 즐똥

꿈을 이루기 위한 오늘 vs. 꿈을 이루고 있는 오늘

아기가 세 살 정도가 되면 배변 훈련을 합니다. 든든한 기저귀와 뒷수습을 해주는 부모 덕분에 언제나 어디서나 똥오줌을 마음껏 배설하던 좋은 시절은 이제 다 갔죠. 아이들에게는 이런 변화가 스트레스이지만 정신적으로 크게 성장하는 시기입니다. 우리는 어린 시절부터 하고 싶은 것을 참으면 더 큰 보상이 주어지기도 한다는 삶의 원리를 배워나갑니다. 그리고 이런 만족지연의 보상을 잘 알면서도 실천하기란 정말 어렵다는 사실도 금방 알게 되고요.

마시멜로 실험으로 잘 알려진 자기 조절에 관한 실험이 있습니다. 실험 참가자가 눈앞의 마시멜로를 먹지 않고 기다리면 더 많은 마시멜로를 얻을 수 있죠. 그러나 많은 사람들이 더 큰 보상을 기다리지 않기로 선택합니다. 그렇게 하는 편이 더 쉬우니까요. 참는 것은 누구에게나 어렵기 때문에, 당장 하고 싶은 욕구를 잘 다스리는 사람들이 사회적으로나 경제적으로 성공하게 됩니다.

그렇다고 꿈을 이루기 위해 반드시 현재를 희생해야 한다는 말이 아닙니다. 힘든 것을 참아내다 보면 탈이 나는 경우도 많습니다. 갖은 노력 끝에 원하는 것을 이뤘지만 너무도 허망하게 금세 무너져 내리는 경우를 종종 봅니다. 억지로 견디느라 생겨난 작은 균열이 언젠가는 삶의 다른 영역에서 감당하기 어려운 커다란 틈을 만듭니다. 성격이 괴팍해지거나, 인간관계에서 문제가 생겨나죠. 내일의 꿈만 생각하며 오늘 누릴 수 있는 것들을 아끼고 참다 보면 그냥 똥이 되어버립니다.

오늘이라는 시간은 꿈을 '이루기 위한' 시간이 아니라, 꿈을 '이루고 있는' 시간입니다. 꿈은 늘 내일에 머물죠. 닿을 수 없는 무지개처럼, 다가가면 멀어지기도 합니다. 그래서 오늘을 사는 우리는 꿈을 향해서 한 걸음씩 앞으로 나아갈 뿐입니다. 그 발걸음은 때론 뿌듯함과 설렘으로 때론 우울과 불안으로 느껴지겠지만, 결국 앞으로 나아간다는 사실에는 변함이 없습니다. 만약 꿈이 연인이라면 사랑하는 우리에게 이렇게 말할지도 모릅니다.

"나를 위해 희생하지 않았으면 합니다. 나는 그저, 그대가 나를 생각하며 지금 행복하길 바래요."

열심히 일하는 사람보다 즐기며 일하는 사람이 더 무섭다는 말이 있죠. 희망을 간직한 사람은 오늘을 즐길 수 있습니다. 매일 조금씩 꿈이 현실로 바뀐다고 생각하면 오늘의 실패도 좌절감을 안겨주지 않습니다. 그렇게 희망은 꿈과 현재를 연결합니다.

잭 캔필드와 마크 한센은 <마음을 열어주는 101가지 이야기>를 출간하기 위해 무려 144개의 출판사 문을 두드렸습니다. 모두 거절당했죠. 145번째 도전 끝에 출간된 책은 세계적인 베스트셀러가 되었습니다. 의지력과 인내심에도 한계가 있는데, 그들은 어떻게 그 많은 거절에도 포기하지 않고 계속 도전할 수 있었을까요? 희망이 있었기 때문입니다.

저자 중 한 명인 잭 캔필드의 인터뷰를 본 적이 있습니다. 책이 나온다고 무조건 베스트셀러가 되지는 않죠. 출간 계약을 한 이후에도 저자들은 책을 판매하기 위해 열심히 뛰어다녔습니다. 수많은 담당자들에게 전화를 걸었지만 거절당하기 일쑤였습니다. 대략 50번 정도를 거절당하면 한 번꼴로 큰 계약이

성사되곤 했다는군요. 결국 저자들은 인생의 원리를 알고 있었던 것입니다. 거절이라는 눈앞의 실패는 길게 보면 성공을 만드는 작은 부분이라는 사실 말입니다. 한 번 거절당할 때마다 그들은 조금씩 판매 실적을 올리고 있었던 셈입니다. 물론 결과론적인 설명입니다. 그러나 우리가 미래를 알 수 없기 때문에 지금은 그냥 그럴 것이라 믿고 앞으로 나아갈 뿐입니다.

희망은 '내가 이 일을 하면 성공할 확률이 절반쯤 되는 것 같아'와 같이 단순한 기대와는 다릅니다. 희망은 '내가 그것을 진정으로 원하는가?', '목표를 달성하기 위해 방법들을 찾아낼 수 있다고 생각하는가?', 그리고 '나에게 실행할 의지가 있는가?'에 대한 답입니다. 직업상 취업을 준비하는 학생들과 자주 이야기를 나눕니다. 아직 2학년 3학년 밖에 안 된 친구들 중에 간혹, "제가 졸업 후 이런 직업을 갖고 싶은데 현실적으로 가능할까요?"와 같이 질문하는 학생이 있습니다. 제 대답은 늘 같습니다. "일단 이 일을 얼마나 원하는지, 얼마나 되고 싶은지가 중요해요." 아직 준비를 시작하지도 않은 상황에서 가능성을 따지다보면 가능한 일만 하게 되겠죠.

희망이 열매를 맺기 위해서는 시간이 필요합니다. 꿈을 이루기 위한 준비의 시간은 모자라지도 넘치지도 않고 딱 그만큼이 필요합니다. 당장 오늘 하루, 일주일, 한 달 사이에는 변화를 느끼지 못할 수도 있어요. 하지만 1년, 5년, 10년이 지나면 당신 자신, 그리고 주변의 당신을 아는 사람들 모두 놀랄 만큼 달라져있는 것을 발견하게 됩니다.

꿈은 기다리는 것이 아닙니다. 지금 꾸는 것이죠. 그러니 꿈을 이루기 위해 꾹꾹 참아내지 마세요. 이미 꿈을 이루고 있는 중이니까요. 당장 눈앞에 성과가 보이지 않더라도 희망을 잘 간직하세요. 이해인 시인의 말처럼 잠자고 있는 것 같아도 희망은 늘 깨어 있습니다.

희망을 만드는 두 개의 질문

서점에 가보면 '00으로 월 1,000만원 버는 법', '성공을 위한 OOO' 등 '어떻게'를 알려주는 책들이 많습니다. 어떻게도 중요하지만 '왜' 그 일을 하려고 하는지도 중요합니다. 왜 자기계발을 하려는 지에 대한 답을 가지고 있지 않다면 자기를 계발하는 것이 아니라 자기를 혹사하게 됩니다. 건강하고 행복한 삶을 살기 위해서 돈을 벌려고 하지만 돈을 벌려다 보니 건강과 행복을 내주는 역설을 경험하게 됩니다. 왜 그 일을 하는지 잊어버리기 때문이죠.

종종 왜 그것을 원하는지를 스스로에게 묻고 답해야 합니다. 희망의 대상은 당신의 삶을 가치 있고 의미 있도록 만들어주는 것이라야 합니다. 두 다리를 번갈아 가면서 균형을 잘 잡아야 앞으로 걸어갈 수 있는 것처럼, '왜'와 '어떻게'라는 두 질문을 던지며 내일을 향해 나아가세요.

심리학에서 말하는 희망은 단순히 '다 잘될 거야'라고 생각하는 낙관이 아니라, '정말로 간절히 원하는 목표'를 달성하기 위해서 '내가 할 수 있는 방법들을 실행하려는 의지'입니다. 무엇인가를 희망한다는 것은 왜 그것을 얻으려고 하는지에 대한 답을 알고 있다는 뜻이고, 어떻게 원하는 것을 얻을 수 있는지 방법들을 알고 있으며, 원하는 결과를 만드는 행동들을 지금 실행하겠다고 결심했다는 뜻입니다.

오늘만 사는 사람에게도, 내일만 사는 사람에게도 희망이 없습니다. 희망은 오늘과 내일 사이에만 있기 때문이지요. 되고 싶은 나는 내일에 있고, 되고 싶은 내가 되기 위해 발걸음을 옮기는 나는 오늘에 있습니다. 그러니 오늘과 내일을 동시에 살아가세요.

닫는 말

언제나 몇 번이라도

강원도로 여행을 다녀오는 길에 차 안에서 지루해하는 아이들에게 집까지 가는 동안 터널이 몇 개나 나오는지 세어보자고 했습니다. 실제로 세어 보니 터널이 어찌나 많던지, 100개는 되었던 것 같아요. 집이라는 목적지가 있고 이 길로 가면 집에 갈 수 있다는 믿음이 있기에, 100개나 되는 캄캄한 터널로 의심 없이 들어갈 수 있습니다. 출구가 나온다는 기대를 가지고 말이죠.

물론 인생의 길은 이렇게 잘 닦인 고속도로도 아니고 거기엔 이정표도 제대로 나와 있지 않습니다. 이게 터널인지 동굴인지 확신이 서지 않을 때도 있고요. 그러나 어디로 가야 하는지 알고 있다면, 동굴 안에 들어와 있는 것 같다는 생각이 들 만큼 캄캄하더라도 눈을 크게 뜨고 희망의 빛줄기를 찾아야 합니다. 목적지로 가야 하니까요. 저 멀리 아주 작게라도 빛이 보인다면 그곳으로 가는 게 맞습니다.

두려움을 이겨내고 터널의 끝에 다다랐을 때 펼쳐질 인생의 다음 단계, 내가 가고자 했던 목적지에 한 걸음 더 다가갔다는 성취감, 온갖 우여곡절 끝에 현재에 서 있는 자신에 대한 고마움과 신뢰를 경험하면서 앞으로 나아갑니다. 스스로 걸어온 시간만큼의 의미를 쌓은 것이고 써 내려간 인생의 이야기만큼 자신을 성장시킨 것입니다.

언젠가 여러 이유로 우리가 통제할 수 없는 죽음이 찾아옵니다. 내일이 오지 않을 수도 있다는 의미죠. 그런 불확실한 내일이지만 우리는 오늘과 내일을 동시에 살아갑니다. 주어진 시간 동안 삶을 성실히 살아낼 것이고, 그렇기에 존재의 소멸이 아니라 존재의 완성이라 믿습니다.

우리는 언제라도 삶을 완성할 수 있습니다. 매일 충실한 삶을 살겠다는 태도야말로 우리가 통제할 수 없는 죽음에 멋지게 대처하는 방법입니다. 매 순간 진심이었기에, 언제나 몇 번이라도 삶을 완성할 수 있습니다.

아직도 더 많은 인생을 살아야 하고, 아마 그때 가서도 인생의 참된 의미는 깨닫지 못할 것 같습니다. 그러나 지금까지 마음으로 느낀 눈에 보이지 않는 것들은, 모든 것이 상호작용의 순환 관계에 있었습니다. 내가 누군가를 의미 있는 사람으로 대해주면, 나도 상대방에게 의미 있는 사람이 됩니다. 사랑을 받아 본 사람이 사랑할 줄 알고, 다른 사람을 사랑할 수 있는 사람이 사랑을 받습니다. 감사하는 마음을 가지면 감사할 일들이 생겨나고, 감사할 일들은 다시 그 사람으로 하여금 감사가 절로 나오게 합니다. 희망하는 사람은 크고 작은 성공을 경험하게 되고, 성공의 경험은 다시 희망을 돌려줍니다. 삶이 가치 있다고 믿는 사람은 가치 있는 일들을 하게 되고, 가치 있는 일들이 삶의 가치를 확인시켜 줍니다.

나만의 우선순위 단어들을 적어 보세요

외국어를 배우면 좋은 점은, 모국어에서는 평소 생각해 보지 않았던 단어의 뜻을 깊이 생각해 보게 된다는 점입니다. 가장 큰 깨달음을 얻은 저만의 우선순위 영단어, commencement와 vicissitudes를 소개합니다.

삶의 책장을 한 장씩 넘길 때마다 새로운 삶이 시작됩니다. 미국에서 매 학기 졸업식이 가까워지면 졸업식을 뜻하는 commencement라는 단어를 캠퍼스 여기저기서 볼 수 있었죠. 지금도 학교에 있다 보니 졸업식 풍경을 매년 두 번씩은 보게 됩니다. Commencement는 졸업식 이외에 '시작'이라는 뜻도 가지고 있는 재미있는 단어에요. 끝과 시작이 맞닿아 있음을 일깨워 주는 절묘한 단어죠. 희망의 얼굴이 어떤 모습인지 알고 싶다면 졸업식에 가보세요. 가족들, 친척들, 친구들이 함께 기뻐해 주고 졸업 가운을 입은 학생들은 연신 웃음 짓습니다. 다음 단계를 마주하는 설렘과 두려움, 만남과 이별, 성취와 아쉬움, 그 모든 감정들이 뒤섞여 있는 얼굴입니다.

모든 일의 시작과 끝, 그리고 그 끝과 시작이 다시 만나는 지점에서 삶은 우리에게 어떤 선택을 하겠느냐고 묻습니다. 어떤 일이 뜻대로 되지 않았을 때 거기서 멈추면 실패가 되지만, 한 번 더 도전하면 실패가 아닌 시도가 됩니다. 바꿀 수 없는 과거의 실수는 가슴 아프죠. 그러나 오늘을 더 진솔하게 살아냄으로써 상처를 치유할 수 있습니다. 어제 사랑하지 못했고 사랑받지 못했다면, 오늘 사랑을 시작하면 됩니다. 오늘이 아니라면 내일도 있고요. 완전히 잘못한 것도 없고 완벽하게 잘 할 수도 없습니다. 실패가 아니라 시도이며, 그렇게 인생 이야기를 완성해가는 것입니다. 언제나 몇 번이라도 새롭게 시작할 수 있습니다. 우리의 삶이 희망적일 수밖에 없는 이유입니다.

꿈은 우리를 어디론가 데려다줄 겁니다. 처음 꿈꿨던 모습일 수도 있고 전혀 다른 방향일 수도 있겠죠. 그것이 무엇이 되었든, 노력은 결과에 관계없이 삶에 진심으로 대하는 태도를 남깁니다. 꿈의 여정에 함께 하는 사람도 남깁니다. 꿈은 반드시 흔적을 남깁니다. 많은 사람들이 그렇게 꿈을 이뤄내는 것을 봐 왔습니다. 저도 할 수 있고, 이 책을 읽는 당신도 할 수 있습니다. 그렇게 하기로 선택하기만 한다면요.

Vicissitudes는 변화로 인한 긍정적이거나 부정적인 상황을 뜻합니다. 삶이 부리는 변덕이지요. 어찌할 수 없는 변화들 속에서 우리가 바라는 일과 바라지 않는 일들을 모두 경험하게 됩니다. 우리는 이것을 역경과 고난, 때로는 최고의 순간으로 받아들이며 우리의 이야기를 써 내려갑니다. 오늘을 살아가는 당신은 이미 수많은 우여곡절을 겪어낸 셈이죠. 희망이 잘 느껴지지 않았을 때조차도 희망하기로 선택했던 것입니다. 그러니 지금 그 자체로 엄청나게 희망적인 겁니다. 앞으로도 우여곡절이 펼쳐질 테지만, 동시대를 살아가는 생존자로서 당신에게 존경과 응원의 박수를 보냅니다.

물론 매 순간 최고의 선택을 내리지는 못합니다. 도망가고 싶을 때도 많고요. 우리에게 격려가 필요한 이유입니다. 자신을 격려해 주세요. 당신이 더 좋은 선택들로 자신의 이야기를 써 내려갈 수 있도록 말입니다. 마찬가지로 당신의 이야기 속에 등장하는 사람들에게도 희망과 용기를 북돋워 주세요. 그들의 인생 이야기 속 등장인물이 되어주세요. 지나가는 말 한마디 건네는 것은 어렵지 않습니다. "잘했어, 잘할 수 있어." 정도로 충분하죠. 작은 격려가 사람을 바꾸기도 합니다. 시간이 지나면 알게 됩니다.

이루세요, 꿈을

글을 쓰면서 즐거웠습니다. 글이 잘 안 써질 때는 전국의 화장실에서 이 책이 읽히게 되리라는 더럽게 희망적인 생각을 해가며 의지를 불태웠습니다. 책을 쓰는 동안 소재가 마를 날이 없었죠. 말 그대로 몇 달간 머릿속이 똥 생각으로 가득 찼습니 다. 어느

날 둘째 아이가 묻더군요, "아빠는 왜 더러운 거, 똥, 이런 것만 좋아해?" "아빠가 쓰는 책이 똥에 관한 책이라서 그래, 근데 진짜로 더러운 건 아니야." 아내도 약간은 답답해하는 목소리로 거들었죠, "보이는 게 똥밖에 없어?" 안타깝게도 정말 그랬습니다.

패기 넘치던 20대 때는 솔직히 세상이 만만해 보였습니다. 뭐든지 할 수 있을 것 같은 때가 있었죠. 20년 정도 더 살아보니 삶이 그렇게 호락호락하지 않다는 것을 느끼고 겸손해지더군요. 그렇다고 꿈을 접었다는 얘기는 아닙니다. 우리는 현실만 가지고는 살아갈 수 없는 존재니까요.

희망은 오늘과 내일 사이에 있음을 기억하세요. 희망을 간직한 채 오늘을 살다 보면 어느새 내일이 당신을 찾아옵니다. 그냥 자고 일어나면 주어지는 내일과는 질적으로 다르죠. 간절히 원했고 되고 싶은 모습의 내가 있는 특별한 내일입니다. 그 많은 어려움에도 불구하고, 희망적으로 삶을 대해준 당신에게 삶이 되돌려주는 선물입니다.

저는 삶의 끝자락에서 '내 인생 이야기는 어떤 희망을 경험했고, 누구를 만났으며, 그 속에서 어떤 가치들을 확인했는지에 대한 이야기였노라'고 결론내리고 싶습니다. 그래서 앞으로도 제 삶을 가치 있게 만들어주는 것들을 하나씩 해나갈 생각입니다. 결코 만만치 않은 현실에도 희망하기를 멈추지 않을 것이고요. 당신도 그랬으면 좋겠습니다. 우리 삶이 어디론가 향하는 여행길이라면, 이왕이면 그 길이 즐거웠으면 합니다.

누리세요, 오늘을. 이루세요, 꿈을.

오늘의 희망꾼,

최혜만 드림

그 정도면 더럽게 희망적인 겁니다

초판 1쇄 발행 2024년 10월 24일

지은이 최혜만
펴낸이 최혜만

펴낸곳 따옴표 출판사
출판신고 2024년 4월 18일 제 2024-000057호
이메일 contact@makeacocoon.com

"Thoughts and words worth sharing"
따옴표 출판사는 삶을 풍요롭게 해주는 가치 있는 생각과 말을 전합니다.
홈페이지 www.makeacocoon.com/books

ⓒ 최혜만, 2024
ISBN 979-11-989652-0-2 (03190)

*잘못 만들어진 책은 구입하신 곳에서 바꿔드립니다.
*이 책은 저작권법에 따라 보호를 받는 저작물이므로 이 책 내용의 전부 및 일부를 이용하려면 반드시 따옴표 출판사의 서면동의를 받아야 합니다.
*따옴표는 주식회사 코룬의 출판사 이름입니다.
*이 저서는 2024년도 가천대학교 교내연구비 지원에 의한 결과입니다(GCU-202405960001).